CHRISTIANE SINGER

HISTOIRE D'ÂME

ROMAN

Albin Michel

Albin Michel
• *Spiritualités* •

Collection « Espaces libres »
dirigée par Jean Mouttapa et Marc de Smedt

à Giorgio

IL Y EUT un temps où je croyais encore à la *réalité* de ce que je vivais, où je me savais Liliane B. – un temps où ne m'avait pas encore saisie cette atroce clairvoyance dans laquelle je me débats.

À vouloir représenter mon état, me voilà de nouveau aspirée dans ce maelström d'épouvante. Déjà trois nuits que je m'en vais à vau-l'eau.

Personne ne voudra croire que rien dans ma vie – aucun incident, aucune catastrophe, aucun événement précis – n'explique ce brutal éboulement de toute une existence.

La journée qui a précédé ma disparition, je veux tenter de la décrire dans chaque détail. Je doute qu'elle recèle un indice de la terrible nuit qui devait suivre mais ce sera toujours un début – le tracé de la berge du moins d'où ma dérive a commencé.

Je m'étais levée à l'aube comme de coutume. J'aime cette heure première où mes rideaux s'écartent sur la somnolence du verger. J'ai choisi voilà trois ans cette campagne où je vis; la douceur avec laquelle elle s'avance à la rencontre des yeux, sans crête et sans saccade, m'avait séduite. Je ne la quitte qu'à regret pour la ville, deux, trois fois la semaine. J'y reviens, guidée par un invisible fil d'or, comme l'abeille à sa ruche. J'ai choisi de vivre ainsi à la mort d'Adrien, mon mari, quand le brouhaha insipide de la ville m'a étourdie. Nombre de mes amis – et Aldo – mon amant aussi – me sont restés fidèles. D'autres ont laissé se perdre leurs traces comme j'ai moi-même pour eux brouillé les miennes. Il est bon qu'il en soit ainsi : il faut savoir rendre à la mer les conques vides.

Je m'étais levée donc à l'heure habituelle où mon chat Musil émerge noir de la nuit, las de ses raids sanguinaires ou amoureux, froid de pelage, éperdument bâilleur, prêt à tous les abandons, à toutes les redditions de la tendresse. J'ai déjeuné ce jour-là comme tous les autres sous le dais de lierre de ma petite terrasse. Trois fois, la sonnerie du téléphone m'a arrachée à mes rêveries; deux amis confirmaient leur venue samedi prochain, une autre regrettait d'être empêchée.

(Samedi prochain, île lointaine! Quelles sont jusque-là mes chances de toucher terre?) Le prétexte de cette réunion d'amis est la présentation de mon portrait par une artiste praguoise, Niva Gallova, que je veux faire connaître. Étrange portrait! Je m'y reconnais et m'y perds. Il me restitue ma vision de moi-même, cette sorte de *grandezza* dont je n'ai jamais pu me départir et qui a tant séduit, tant agacé. Dans ce cadre doré, je porte ma tête comme si une invisible ramure la couronnait. Triste jeu de langue qui associe la plus hardie des parures – le port animalier de cornes et de bois – au déshonneur des époux! Cette sensuelle fierté que j'ai eue toute ma vie à me mouvoir, je la dois aux fantasmatiques excroissances que, déjà enfant, je rêvais à mon front. Ce défi secret à la constitution fragile m'a donné la démarche des porteuses de calebasse.

Un des nombreux visages de Liliane B. me regarde. Le menton haut, les pommettes saillantes, l'ossature précise et résolue, tout exprime une assurance excessive dont les yeux seuls constituent la cassure; vert-de-gris, leur fente s'étire sur une interrogation aiguë. Le coin de la bouche a un zeste de cruauté qui me déplaît. Je l'ai dit à Niva.

« Liliane, m'a-t-elle répondu en m'entraînant vers un miroir, regardez, regardez vous-même! »

Aldo avait eu le même geste à Vienne pour me pousser vers le portrait de la Judith de Klimt qui scelle la plus effarante alliance de la cruauté et de la séduction qu'ait jamais osée un peintre. Debout derrière moi, comme un précepteur qui montrerait, dans le miroir, à un enfant son museau barbouillé d'encre ou de framboise, il me maintenait la tête pour me forcer de voir, et ses doigts s'enferraient dans mes tempes. Je m'étais d'abord débattue – plus tard j'avais fermé les yeux – mais j'avais vu, oui – j'avais vu et reconnu Judith au menton haut, rayonnante en ses os et sa chair, rieuse et d'une intolérable sérénité. Et au bas du tableau, dans l'angle droit, toute fraîche éclose de son sang, la tête coupée d'Holopherne.

Mais cela n'était-il pas un jeu? Un jeu morbide, certes? Comme j'ai eu hâte de m'ébrouer, d'oublier mon malaise.

À peine avais-je reconnu Judith que surgissaient en moi la cueilleuse de pommes, la marcheuse aux pieds nus, la jardinière qui sarcle en flairant la terre. La vraie Liliane B. Seulement voilà : en ces jours m'est venu l'intolérable soupçon que l'une n'escamote pas l'autre, qu'elles coexistent en moi, la coupeuse de tête et la promeneuse en fichu de coton.

Il est définitivement révolu, le temps des pirouettes – le temps des esquives.

Où en suis-je de ma journée?

Oui. Après le petit déjeuner, j'ai mis un peu d'ordre dans ma chambre. L'envie m'a prise de travailler à la série d'illustrations que j'ai commencée tantôt. J'ai rassemblé à cet effet tout ce dont j'avais besoin, les plumes, l'encre de Chine, une grande feuille cartonnée marquée à l'angle d'un sceau. Et j'ai laissé aller ma main. D'abord sont apparus des collines couchées comme des bœufs sous la lune – puis des arbres touffus et, dans les arbres, des visages – indistincts et qui, peu à peu, s'éclairaient d'yeux grands ouverts – la stupéfaction de voir et d'être vu s'y lisait. En hâte, ma main a multiplié l'entrelacs des branchages jusqu'à ce que tous ces visages soient rendus au secret végétal. Et le dessin m'est apparu si dru, si sombre que je l'ai déchiré.

J'ai mis mes bottes et mon imperméable et je suis sortie. J'ai marché deux bonnes heures par la campagne. Je voulais cueillir, comme chaque année en ce début d'automne, les monnaies-du-pape qui poussent en grande colonie dans un sous-bois proche et dont la nacre fragile me réjouit tout l'hiver. À ma grande déception, je les ai trouvées déjà éteintes, toutes tachées d'humidité sous leur pellicule protectrice, et la tige blanchie de moisissure. Je n'ai ramené que du sureau trop mûr dont la moitié des perles se sont détachées dans mon panier.

Je m'efforce toujours, en marchant, de suspendre ce ratata intéressant que nous balbutie le gramaphone radoteur de nos cerveaux et qui nous fait dire que nous pensons. Une désignation bien fière pour ce ramassis de fragments, de réminiscences, de boutons à coudre, de ressentiments mille fois ressassés, de factures impayées, de ce qu'a dit Machin et répondu Truc, d'associations simplistes; il n'est rien de plus à notre esprit, ce fatras, qu'à l'océan la frange de déchets – bouteilles de plastique, boîtes de conserve, capsules et caoutchoucs – recrachés le long des plages.

Chaque fois qu'est branchée en moi cette radiophonie intarissable, je ne remarque rien de ce qui m'entoure, je rentre chiffonnée, vide – comme si je n'avais cessé, les yeux bandés, de piétiner. Mais chaque fois, au contraire, que je suis vigilante et stoppe cette jacasserie (j'y suis parvenue de plus en plus souvent, ces temps derniers, et ma joie en a été profonde), l'air et le vent me traversent comme paysage; je deviens vaste et tout a en moi son écho : le craquement des arbres qui se répondent par intervalles, les cris d'oiseaux qui rayent le ciel, le bruit de grain moulu que font sous mes pas les brindilles sèches. Alors, seulement, je me sais vivante.

Cet après-midi-là, je n'ai pu en marchant arrêter cette logorrhée sournoise de réminiscences. À peine avais-je bouché un trou qu'elle suintait déjà par un autre interstice. De guerre lasse, je l'ai laissée me submerger.

J'EN AI toujours voulu aux morts de prendre la poudre d'escampette. Quand ma sœur Élise est morte, j'avais dix ans. J'étais à l'école. Mme Manson nous faisait une dictée. Brusquement, au milieu d'une phrase, je me suis arrêtée d'écrire. J'ai vissé le capuchon de mon stylo que j'ai glissé dans ma trousse et j'ai fermé mon cahier. « Que fais-tu? » s'est exclamée la maîtresse. Et, avant même que je réponde, la porte s'est ouverte, la directrice est entrée : « Je viens chercher la petite Liliane. » J'ai dit : « Je sais, ma sœur Élise est morte. » J'ai rangé la trousse et le cahier dans mon cartable. J'ai enfilé ma pelisse et je l'ai suivie. Ma tante m'attendait, dans un taxi, devant l'école. Elle pleurait, elle voulait tout me raconter, me prendre dans ses bras. Je la repoussais. « Ne me dis rien, je sais. » C'est la phrase que je répétais à chacune de ses tentatives. Tout en moi était dur. Arrivée à la maison, j'ai couru dans notre chambre. Et soudain, à voir Élise couchée là dans ses cheveux noirs, les mains croisées sur la poitrine, les narines pincées (comme lorsqu'elle se levait au milieu d'une partie de dominos en disant : « Je ne joue plus »), ma colère sourde s'est transformée en fureur. Je me suis jetée sur elle et l'ai martelée de coups de poing. J'avais une poignée de ses cheveux dans la main quand mon père a réussi à se saisir de moi et à m'emporter. La fièvre typhoïde, quelle blague! Elle avait filé à l'anglaise. On m'a souvent répété que je n'avais pas versé une larme, ni à l'enterrement, ni les jours qui suivirent. Mais où s'en vont-elles les larmes non pleurées? Quelle nappe souterraine vont-elles alimenter? Quelqu'un songe-t-il à se le demander?

Voilà qu'en moi une mort chasse l'autre. Je longe l'orée du bois en prenant garde de ne pas trébucher sur les racines de bouleaux qui affleurent là.

À la vérité, c'est derrière le cercueil d'Adrien que je marche. Quelque part dans un autre ordre de réalité, aussi présent, aussi réel que celui-ci, je marche encore dans ces bottines noires, vernies, toutes neuves et qui me meurtrissent, derrière le cercueil de mon mari. Souvent dans la vie, j'ai eu la sensation physique de m'être égarée par distraction dans un destin qui n'était pas le mien. Je ne suis pas veuve. J'ai connu des femmes qui l'étaient déjà le jour de leurs noces; leur gestique les trahissait. Je n'ai pas une once de veuvage dans le sang. Je ne sais pas marcher dans ces souliers noirs vernis. Je ne sais pas placer ma vie dans l'orbite d'une absence.

Elles m'indignent, au moment même où je les aligne, ces protestations rhétoriques. N'ai-je pas toujours flairé ma vie de l'extérieur comme pour éviter de me compromettre avec elle? Suis-je entrée une seule fois tout entière dans une situation donnée? Comment ai-je pu si longtemps voir une force là où je décèle aujourd'hui une lâcheté?

Une jeune infirmière m'a guidée en silence par les couloirs. Devant la porte de la chambre 23, elle s'arrête et me prend doucement le bras. Je la repousse : « Croyez-vous que je ne sais pas! » La mort est tapie derrière la porte. Je l'ai suivie à la trace – comme une chienne – depuis mon arrivée à l'hôpital. Je tiens un long moment dans ma main la poignée de métal puis, à toute volée, j'ouvre la porte. Le battant va cogner le mur. Le geste fou d'un jaloux qui veut surprendre un couple en flagrant délit. Et je les surprends. Adrien et la mort. J'ai été flouée. Une fois de plus flouée.

Quand j'ai épousé Adrien – voilà maintenant près de vingt ans –, ce que j'aimais le mieux c'était peser à son bras en marchant. J'allais toute de guingois en me faisant lourde : parfois, je fermais les yeux, me laissant guider comme une aveugle, riant de plaisir, mes cheveux dans son cou. Une fois j'avais vu un couple de vieillards gravir les marches du Palace Hôtel – imbriqués l'un dans l'autre, comme deux entrelacs d'une arabesque. Leur ascension avait duré un siècle. Je ne les ai jamais oubliés. Épouser Adrien avait été pour moi, de toute évidence, conclure le pacte que nous gravirions, à quatre-vingts ans, ensemble, le perron du Palace Hôtel avec la lenteur cérémonieuse d'un couple de cormorans. Adrien était homme avec qui passer semblable contrat. Tout en lui inspirait confiance. Même la souffrance silencieuse qu'ont pu lui coûter mes frasques n'a jamais, en apparence, ébranlé le pacte initial. La mort est la seule infraction qu'il se soit permise à mon égard. La seule infamie.

Mon premier geste a été de lui ôter son alliance, ou plutôt l'anneau d'or de notre alliance. Il a glissé sans résistance dans ma main. Ils n'ont rien fait pour le retenir, ses doigts de cire froidie.

Adrien mort. Deux heures à peine. Même la mort commence d'abord par se compter en heures. Un tout jeune mort.

D'un désordre, d'un bras-le-corps, d'un ultime chambardement, nulle trace. À la sœur Marie qui l'a aidé ce matin à faire sa toilette, il a dit :

« Voudriez-vous me laisser seul un moment? J'aimerais dormir! »

Quand elle est revenue, elle a donné l'alerte. Tout s'est révélé inutile.

« Et dire qu'il s'était si bien remis, en six jours, de son premier infarctus! »

Même la sœur Marie lui en veut.

Mais sa décision à lui était ferme :

« J'aimerais dormir. »

Son visage est grand ouvert. Comme un livre. Quand le sommeil surprend le lecteur au beau milieu d'une page.

Le graphisme ancien de sa physionomie est effacé : tant la désillusion élégante que l'ironie, le sourcil haut, la double parenthèse qu'avaient fini par graver, de l'aile du nez aux coins de la bouche, les chagrins cadenassés au plus secret de son corps.

Reste un beau visage au dessin clair qui exprime, de façon aussi irrécusable qu'insensée, que pour lui, désormais, TOUT est redevenu possible.

Quel démon alors me fait quitter la chambre en courant, bondir dans la voiture, foncer chez nous en grillant les feux rouges et vider ses armoires? La vieille Mme Malou m'aide en hochant la tête. Elle me regarde avec une certaine horreur, je crois, et essuie de temps en temps des larmes à son tablier. Tout ce qui a appartenu à Adrien, je le fourre dans des malles, des valises et des cartons – je malmène les lainages, les cachemires et les soies : je les bourre dans les bagages comme du kapok dans un fourreau. Je suis aveugle et sourde. Mon désespoir est sec. Une de ces sécheresses à réverbération mortelle. Puis, je traîne tout devant la porte, seule, jusqu'aux plus lourdes malles.

« Vous partez en croisière? dit le facteur

en enjambant les ballots. Monsieur B. est remis!

– Non : il est mort. »

Je verrouille la porte.

POURQUOI ai-je dû revivre cela en marchant du bois jusqu'au vieux moulin? Quel sens a la torture morale? Par quel maléfice, tout se conserve-t-il en nous dans cet état de première fraîcheur? Cette divine miséricorde qui fait se désagréger les corps dans la terre, pourquoi reste-t-elle sans effet dans l'ordre de la mémoire?

À l'approche de ma maison, je me voyais avancer moi-même entre les arbres de l'allée : une figurine de carton poussée le long d'un rail par un doigt invisible dans un de ces décors peints, et dont jouaient les enfants au siècle passé.

Je me suis ébrouée sous l'auvent. J'ai poussé la porte avec hargne. J'aurais aimé à la fois entrer et me laisser dehors. J'ai envoyé valser mes bottes à travers le corridor.

À partir de ce moment, j'ai évolué dans

la maison avec toutes les précautions imaginables, m'efforçant, pour éloigner les démons, d'être présente dans chacun de mes gestes, de multiplier les points de contact entre mon corps et les choses.

J'ai fait couler un bain. J'ai bu un thé parfumé aux amandes. Je me serais sûrement habillée pour sortir si, par malchance, je n'avais pas totalement oublié l'invitation à dîner de ce soir. Je me suis excusée platement au téléphone, à neuf heures sonnées. Si seulement j'étais encore sortie – même tardivement!

J'ai fait un feu dans la cheminée et j'ai voulu lire. J'ai, sur mon bureau, une haute pile de livres en attente. Je la bats parfois comme un jeu de cartes, guettant un coup de cœur : le bouquin qui magnétisera mes doigts. J'ai pris le premier – une traduction du *Mahābhārata* qu'Aldo m'a apportée l'autre soir. Souvent, les meilleurs livres sont, pour moi, comme la forêt de la Belle au Bois dormant. Tout au début, j'ai une peine énorme à me frayer passage dans leur sous-bois presque hostile, leur langue inconnue. Peu à peu, mes efforts soutenus se voient récompensés, les arbres s'écartent comme par enchantement – et j'avance avec délices. Ce soir-là, les premières pages m'ont découragée : je suis restée à l'orée, bredouille.

J'ai eu faim d'une présence. J'ai appelé mon chat par la fenêtre ouverte, mais la mélopée rocailleuse dont il me répond parfois du fond du verger, dans la nuit noire, ne s'est pas fait entendre.

Alors – et c'est la dernière activité dont j'ai souvenance en cette journée du 24 septembre – j'ai calé sur mes genoux mon écritoire et j'ai commencé une lettre à mon fils.

J'ai d'abord griffonné sur l'enveloppe l'adresse en Suisse de son pensionnat, puis d'une grosse écriture ronde et appliquée :

« Ivan, Ivanof, Ivanovski mon fils, »

Et pendant que ma main formait les lettres, je l'ai vu, les joues en feu, qui courait à ma rencontre. Mon cœur s'est mis à battre la chamade. J'ai lâché l'écritoire. Non, décidément, j'avais eu mon compte, aujourd'hui, d'émotions et de réminiscences. J'écrirais demain.

À chercher ainsi, à tâtons, les repères qui ont jalonné cette dernière journée, j'ai encore pu longer le précipice dont, seule, la mince rambarde des mots alignés me sépare. Une heure durant, j'ai pu mater mon vertige. Voilà qu'il me happe à nouveau. Où trouver refuge? Je pourrais alerter bien sûr Aldo ou Éléonore, appeler un médecin, pourquoi non? Mais je sais trop bien que cette fois-ci tout est différent; que, désormais, aucun dérivatif, aucune évasion, aucune esquive n'est possible. Chaque fois que je tente d'échapper, je suis ressaisie par une force inconnue, ramenée plus morte que vive au lieu de ma fuite. Une vérité nouvelle, dont je ne peux pas discerner les contours tant son incandescence est violente, se dresse désormais devant moi et mes yeux vont devoir la confronter, dussent-ils en être brûlés.

Dans cette nuit où tout a commencé, j'ai été tirée du plus profond sommeil – comme par les coups de crosse d'un commando d'arrestation. C'est la seule image qui restitue quelque chose de la brutalité de ce réveil. Aussitôt, une sueur de glace m'a baignée. Ce qui s'est produit alors, comment le décrire? Rien ne s'est produit que je puisse décrire. Rien, rien.

TOUT était changé.

Une certitude emplissait toute la pièce,

exerçait sur les murs et le plafond une pression telle que leur écroulement m'est apparu imminent. J'ai pris ma tête entre mes mains dans un geste d'effroi, et j'ai attendu, hébétée.

TU N'ES PAS QUI TU CROIS.

Voilà de quoi, en substance, elle était faite, la certitude.

Je n'ai pas tardé à comprendre que la déflagration avait déjà eu lieu. C'était elle qui m'avait tirée de mon sommeil. De tout ce qui m'avait été familier, plus rien ne subsistait. La portée de cet événement dont j'étais le seul témoin, qui d'autre que moi peut la mesurer? L'espace dans lequel je me mouvais soudain, qui pourrait soupçonner, sans s'y être trouvé catapulté, qu'il existât? Un espace de totale intransigeance où rien désormais ne se traite ni ne se négocie, ne s'ajoute ni ne se soustrait. Un espace où le mot n'est plus la nomination de quoi que ce soit, mais la substance même de ce qu'il nomme – où, entre lui et la chose, il n'y a plus place pour le fil d'une lame de rasoir.

TU N'ES PAS QUI TU CROIS.

VOILÀ maintenant trois jours et trois nuits que j'essaie de me reglisser dans la peau qui m'a été arrachée. Parfois je crois y parvenir après maintes contorsions douloureuses – mais, partout, elle tire et brûle comme une cicatrice fraîche. Chaque geste m'est souffrance. Mon visage m'est étranger. Je regarde mes mains sans les reconnaître.

Jusqu'alors, j'ai cru mener une vie ample qui ne me gênait pas aux entournures, pleine à ras bord de rencontres, d'honneurs, de petits dérapages, de vides habilement bouchés, de succès vifs, de ratages brûlants vite escamotés; les idées ne m'ont pas manqué pour broder une tapisserie agréable au cœur et à l'œil – une vie, ma vie. J'ai cru vivre, aimer, rire, m'indigner. À quiconque m'eût demandé qui j'étais, j'aurais su quoi répondre. Certes, j'aurais eu, selon la qualité de l'interrogation, des réponses diverses. Pour l'un, j'aurais évoqué l'amante, pour l'autre l'artiste, la fille, la mère, l'épouse, la solitaire, la mondaine, la marcheuse, que sais-je encore? J'aurais cru, ce disant, tenir en main le fil rouge qui relie entre elles toutes ces apparitions, le dénominateur commun que j'appelle « moi », par commodité, depuis l'enfance. J'aurais su, oui, de qui je parle en disant « je ». La multiplicité de mes visages ne m'eût pas fait douter de mon identité, de l'intégrité de cette Liliane B. que personne jamais n'a été avant moi et que personne au monde après moi ne sera plus. Tout cela était clair. Et, quand je dévorais à belles dents j'étais moi, et moi encore quand une pomme me rassasiait pour le jour. Et j'étais moi, dans les convulsions de l'amour, impudique et béante – et moi encore dans le ravissement sourd que donnent les draps chastes. J'étais moi dans le plaisir que j'avais d'être vue, engluée de regards, désirée, et moi encore, pieds nus dans la lavande, seule au milieu des abeilles; moi, quand je mentais; moi, quand l'innocence me visitait; moi, à régenter ma maison; moi, sur le quai des gares.

En un sens, oui, tout a pu être juste –

mais dans un registre qui, soudain, ne se laisse plus tirer.

J'ai pu *croire* avoir du chagrin, j'ai pu *croire* tout donner, avoir été entière, croire que je rageais, que je pestais et que je jubilais.

Seulement, voilà : j'ai été de liège. J'ai flotté, sans le savoir, à la surface des choses. J'AI TRAVERSÉ LA VIE SANS NAUFRAGE.

J'ai l'atroce pressentiment que rien au monde ne fait courir pire risque qu'une existence tout appliquée à esquiver les défaites.

Les Liliane B. auxquelles j'ai concédé une vie au grand jour ne sont qu'une part infime de celles que j'héberge. La rébellion s'est déclarée en moi de tout ce à quoi je n'ai jamais prêté l'oreille. Elles rôdent autour de moi, celles que je n'ai pas osé confronter. Elles rôdent autour de mon lit, la nuit, pour m'étrangler. Par une raison à moi inconnue, elles se sont libérées de leurs fers et de leurs cachots. Désormais, je ne peux plus fermer un œil sans trembler. Ce sont elles qui m'ont dépouillée de ma peau. Je tremble pour mes yeux. Elles ne reculeront devant rien, devant rien.

UNE TRAPPE s'est ouverte en moi – et je tombe – je tombe. Finirai-je par heurter un fond – ou ce puits n'en a-t-il pas? Je dégringole dans cette chute toute la scala des sentiments. Tout ce dont j'ai eu horreur chez autrui – le dépit, la haine affichée, la violence, la colère, surtout la colère – s'est emparé de moi. Je me tords les mains, et, moi qui n'ai jamais crié, je crie – oui, j'entends des cris sortir de ma gorge.

Adrien! Je ne lui pardonne pas de m'avoir quittée. Je sais qu'il m'a quittée et que sa seule raison de partir était la lassitude qu'il avait de moi, de nous. Quelque part en lui, s'était nichée la certitude que ce rapport que nous entretenions l'un et l'autre n'était pas digne d'être poursuivi. Non qu'il eût été capable par lui-même de mettre fin à sa vie – mais cette maladie lui avait été bien venue – il s'est glissé par la porte qu'elle lui entrouvrait. Ma colère envers lui – la terrible colère qui me secoue devant tant de lâcheté – tant d'ignominie. Où réparer ce que nous avons gâché? Nous reste-t-il un espace où porter notre dilemme, où nous rapprocher l'un de l'autre? L'intolérable brûlure. Le sentiment que personne au monde n'a été plus semblable à moi qu'Adrien – et que je n'aurais rien aimé davantage au monde que de lui OUVRIR le cœur – que de fracasser ce blindage derrière lequel il battait.

Si jamais, au terme de cet atroce épisode, j'arrivais à briser mon propre cœur de verre, à qui irais-je porter ma délivrance? Quel est le sens de toute cette souffrance si je ne peux plus libérer personne avec moi-même? Le sens d'une ouverture qui ne bée que sur du vide? Cinq ans durant, j'ai accepté sa mort. Elle était entre nous comme une bouderie qui se prolonge et qui menace de tourner au vinaigre, au malentendu véritable. Mais je l'acceptais – elle était. Seulement voilà : sous la croûte éteinte s'impatientait la lave brûlante. J'ai toujours eu peur de la souffrance physique. La souffrance morale – parce que je ne la connaissais pas – m'apparaissait moins redoutable.

Ce matin, j'ai répandu le contenu brûlant de la cafetière sur mon avant-bras et ma main. J'ai eu très mal bien sûr, et les larmes me sont venues. Mais, au fur et à mesure que la souffrance décroissait grâce au cataplasme de miel et de blanc d'œuf, je me suis mise à aimer cette souffrance circonscrite et spécifique qui m'avait distraite de mon désespoir, je la voyais s'affaiblir et peu à peu s'estomper avec un réel regret, elle m'avait laissée exister en marge d'elle, lui parler, l'admonester, la tancer. Oui, elle ne m'engloutissait pas tout entière comme l'autre. Il n'y a rien de pire que cette souffrance morale qui dévore le corps et les viscères, et les os et ne laisse que la peau sur les dents. Ma fureur a un nom : Adrien! Non que je sois sûre de l'aimer vraiment mais je ne supporte plus l'état d'incertitude où je suis tombée. Et si je l'aimais? Et si vraiment par la grâce de ce cataclysme, j'étais devenue capable d'aimer – et qu'il n'y ait désormais plus *rien* à aimer? Si le brasier de l'amour s'était déclaré en moi et qu'il n'y ait plus rien – plus rien au monde – à consumer? Celui qui vit et que je croyais aimer – Aldo – me fait soudain horreur. N'a-t-il pas en partie provoqué ce marasme? Le statu quo me convenait : un mari plein de charme et de délicatesse – un amant tumultueux. Je croyais faire coup double – j'étais deux fois perdante. Il n'y a qu'une catastrophe, je le pressens : ne pas être allé au bout de l'amour, d'un amour. Jamais je n'aurais pu croire que, cinq ans plus tard, le souvenir d'Adrien fondrait sur moi. Rien ne me serait apparu plus irréel – plus insensé. Sa retenue était extrême. La litote, l'ellipse étaient ses figures. Tout en lui respirait la maîtrise des sentiments. La mort peut-elle ainsi métamorphoser un homme?

Le voilà qui me harcèle, qui se glisse entre l'air et ma respiration. J'aimais la distance qu'il entretenait avec la vie, les êtres, ses propres talents. Je m'amusais à observer la manière dont il « communiquait » avec Ilona, sa mère. Elle, à l'affût de toutes les nouvelles possibles, mais tout occupée à masquer sa voracité. Lui, ne les lui administrant qu'au compte-gouttes – une par-ci, une par-là, diluées dans les propos les plus vagues. Je m'amusais de ce ballet des esquives, de cet art de la non-communication qui nous ont coûté si cher. Moi non plus, je n'ai jamais aimé me compromettre avec les vivants. J'aimais le flirt distant qui agace les dents comme un fruit vert. Seul Aldo, avec sa sensualité et sa vitalité démentielle, m'a entraînée dans son sillage, pâmée de tant d'excès. Je croyais me partager entre l'ascèse et l'orgie. Je goûtais la distance entre ces deux mondes. À la vérité, chaque extrême ne me donnait que la force de persévérer dans cette acrobatique et perverse distorsion – rien de plus. Pour rétablir le courant entre ces deux pôles, remettre ma vie dans un circuit de lumière, où aurais-je puisé la force et le désir?

Avant qu'il ne se décide à mourir, un homme doit au moins envoyer un signal, appeler un nom, pousser un cri, un seul! Qui me fera justice et me ramènera cet évadé! Ah, ce fourreau de fer autour de moi! Jamais nous n'avons parlé de ce qui se passait en chacun de nous, de la manière dont nous vivions l'un l'autre ces situations.

La façon dont il me suivait du regard quand je m'apprêtais à partir m'était une épreuve – je m'efforçais de ponctuer mes gestes de pitreries et de pirouettes. Mon soulagement se doublait alors du sien. Nous avons été si lâches! Ta lâcheté, Adrien, pire encore que la mienne? Je n'en sais rien. Que tu aies si bien accepté ma double vie signifie peut-être tout autre chose. Peut-être te trouvais-tu soulagé – délesté d'une part de moi? Peut-être mon appétit de sensations te pesait-il? Peut-être souhaitais-tu tout simplement être secondé? Ma colère mange mes mots, n'importe lesquels, et gagne en force et en destruction.

Une des certitudes sur lesquelles j'ai construit ma vie était la fascination que tu n'as cessé d'éprouver pour moi. Souvent des amis nous ont dit l'étonnement que leur causait, après vingt années, la vivacité de notre relation, la manière surtout dont tu me suivais des yeux ou venais à ma rencontre. Et j'étais fière de cette séduction que j'avais gardée pour toi. Séduction? Quel est ce lien qui tient ensemble durant parfois de longues, longues années un homme et une femme? Séduction? Une variété de maléfice? La plus subtile des violences? Adrien n'a jamais cessé de m'aimer. N'a-t-il jamais cessé de m'aimer? Ou peut-être étais-je seule à le croire? J'ai horreur de cette glu dans laquelle je m'empoisse en interrogeant le vide. Existe-t-il une réalité derrière ces images fluctuantes que sécrète comme une bave mon cerveau? N'existe-t-il plus rien à quoi je puisse m'accrocher, suspendre un instant ma dérive? N'existe-t-il rien dont je puisse dire : oui, ce fut ainsi? Tout s'est mis à couler autour de moi, comme si le point d'incandescence était atteint où le métal même perd sa forme. Je crois que je n'ai jamais aimé. L'amour n'est-il pas cette pierre dure que la fournaise rejette intacte? Je n'ai jamais aimé que l'amour qu'on m'a porté.

Et si subitement, par la grâce de l'enfer traversé, je devenais capable d'amour? Imagine un instant, Liliane, cette torture neuve! Capable d'amour et sans amour. Une force m'emplit qui écarte de mon corps les bras, qui redresse mon dos, me pose au front l'invisible couronne. Ma respiration s'est faite si vaste qu'elle prend élan dans mes talons. Et si vraiment je l'aimais? Et si m'effleurait soudain la conscience de ce que pourrait être l'amour? Et si je devenais capable d'aimer alors que le sang d'Adrien s'est retiré de mes veines – alors que rien désormais ne peut plus être dit – que la dalle est scellée?

Macabres jeux de la psyché! De qui suis-je le jouet?

Nous étions assis tous deux au salon à lire. J'ai levé les yeux et je l'ai surpris qui me regardait. Quelque chose en moi a pris peur – quelque chose qui s'est mis à battre des ailes comme une chauve-souris dérangée par l'ouverture des volets. Son regard m'est apparu un faisceau lumineux braqué sur moi dans l'obscurité. Une brève panique m'a étreinte. J'ai dit :

« Veux-tu un cognac? »

Il ne s'est pas laissé distraire; il a fait signe que non, tout en continuant de me regarder.

J'ai aussitôt tenté une deuxième esquive :

« Bon! eh bien, moi, oui. »

Et je me suis levée pour fureter dans le bar. J'avais son regard dans le dos. J'en sentais le poids, l'insistance. Je me suis retournée brusquement. J'ai dit :

« Sais-tu que je pars pour Rome la semaine prochaine?

– Je sais.

– Ah, tu sais? »

Il s'est mis à rire. Sa bouche, son visage riaient, mais ses yeux restaient comme à l'écart du rire et continuaient de me regarder.

J'insistai : « Tu sais?

– Je sais puisque tu viens de me le dire. »

Peut-être ai-je feint aussi de rire – ou ai-je même ri de bon cœur. Je ne sais plus.

Le malaise. Ce vieux malaise si familier. Comme il serait absurde de ne l'attribuer qu'à une mauvaise conscience! Phénomène météorologique de l'esprit. Cette brume qui monte, qui ne cesse de monter. Si souvent j'ai eu la sensation que mes yeux s'emplissaient de brume. La brume qui monte des demi-mensonges, des demi-lassitudes, des demi-impostures. Pourquoi cette scène m'est-elle restée ainsi en mémoire? Pour la densité de sa brume – c'est la réponse qui me vient. Pour l'intolérable transparence, ce jour-là, du regard d'Adrien – et pour la densité de ma brume. Un rendez-vous manqué parmi des milliers d'autres. Une rencontre vite escamotée dans ma manche. Où étais-je, pendant toutes ces longues années? Où étais-je, chaque fois que je feignais d'être là, que je croyais être là, que j'aurais juré être là? Si seulement j'arrivais à décrire, à circonscrire pour moi-même cet état de brume dans lequel se sont déroulées ces années! Une conviction ne m'a jamais quittée, ma vie durant, même si je la ourd'hui pour la première fois : , encore vraiment commencé de vivr *vraie vie n'est pas encore commencée.* Quelque chose va se produire qui sera le signal – et brusquement, oui, ce sera la vraie vie. Et même si, en apparence, j'ai débordé de tempérament et de joie de vivre, mes yeux secrets étaient toujours tournés vers une porte – dans l'attente de quelque mystérieux événement. Les battants se trouveraient soudain poussés et je pourrais voir à un signe indubitable qu'enfin la vraie vie commençait.

En traçant ces lignes, je fais un effort de concentration si énorme qu'il me pose une barre de fer au-dessus de la ligne des sourcils – une douleur irradiée dans mes yeux –, je tente de toutes mes forces de discerner le contour de cette attente. À la résistance qu'il me faut vaincre, je sens que la piste que je file là est de première importance. Aussi loin que je me souvienne, j'attends. Non que quelqu'un dans mon entourage ait jamais pu en avoir connaissance. Rien en apparence ne trahit mon attente. Aucune angoisse, aucune nervosité. J'offre même l'image d'un épanouissement. Comme Liliane est épanouie!

C'est une phrase que j'ai souvent entendue. Seulement voilà, à part quelques brèves fulgurances, je n'ai jamais été entière à l'endroit où je me tenais. Une part de moi me délaisse et va se porter ailleurs – monter le gué. Aussitôt, je suis clivée. Et celle qui reste en place ne laisse jamais passer longtemps sans adresser à l'autre un bref appel – un signe imperceptible. « Anne, ma sœur Anne, ne vois-tu rien venir? » Et toujours la réponse : « Je ne vois que la route qui poudroie et l'herbe qui verdoie. » Dans ce champ-là, entre ces deux phrases désolantes, minées par l'attente, se sont jouées ma jeunesse et toute une part de ma maturité jusqu'à ce jour. Voilà le scénario dans lequel sans le vouloir, sans même le savoir, j'ai enfermé ma vie. Vu de cette perspective, rien au monde n'a mérité mon attention passionnée, rien jamais ne m'a paru digne de m'absorber entière – rien, comparé à ce que j'ai attendu sans jamais savoir ce que j'attendais. À quoi même aurais-je reconnu ce que j'attendais? Je dois à tout prix démonter ce mécanisme qui ne m'a jamais laissée me perdre, me dissoudre dans l'instant que je vivais – c'est dire renaître. Si je laisse se dérouler devant les yeux de ma mémoire ma première rencontre avec Adrien, voilà ce que je vois.

Je sors seule d'un théâtre. Il a neigé pendant la représentation. La rue est d'une nacre irréelle. Un ami est venu m'attendre; je le cherche des yeux. Je le découvre de l'autre côté de la rue. Il n'est pas seul. La silhouette qui l'accompagne m'attache aussitôt. Le pas dont je traverse la rue n'est déjà plus indifférent. Cette séduction toute de retenue qui a même pu paraître à certains timidité s'est mise d'elle-même en mouvement. Comme m'en avise le lointain ronronnement d'une machine à mon oreille. Je ne suis plus qu'à trois pas de distance. Je n'ai pas un regard pour mon ami. Je ne vois que cet inconnu, la pureté des traits de son visage sous la toque de fourrure, un air distant, hautain qui me trouble. Un instant, oui, je suis là, de toute ma présence. Une énergie subtile s'élance de moi vers cet inconnu. À l'imperceptible secousse que j'éprouve en retour, je le sais harponné. Il avance d'un pas.

« Nous nous connaissons! » dit-il.

Vingt ans plus tard, nous ne nous connaissons toujours pas. Et Adrien est mort. Seulement voilà, cette scène – comme tant d'autres – aussi attachante – pour moi aussi émouvante sans doute, a une fêlure dont je discerne aujourd'hui le zigzag noir sur fond blanc. Cette fêlure est la conscience que j'ai de moi-même, de mes gestes, de mes intentions, de mon vouloir.

Mon Dieu, je crois tenir un bout du fil d'Ariane dans ce labyrinthe! Ai-je vraiment été seule à me barrer le chemin? Suis-je vraiment mon seul obstacle?

Je commence de percevoir une sensation dans mes mains, dans l'extrémité de mes doigts – de palper comme une aveugle les contours de cette absence que j'ai été. Ces repères biographiques qui jalonnent une existence, toute existence, sont marqués du sceau de l'absence. Cette absence m'est d'autant plus sensible aujourd'hui, dans cet état d'écorchement où je suis, qu'elle se manifeste l'espace d'un battement de cils par le frôlement d'une vraie présence. Ainsi, moi devant Adrien, pour la première fois dans la scène évoquée – presque gobée par cette rencontre. Presque – et sur ce « presque » se joue ma vie. J'ai manqué m'oublier. J'ai manqué aimer. J'ai manqué être. J'ai frôlé. D'où cette sensation aiguë, intolérable – un fil d'acier raclé sur les dents.

Je dois trouver en moi la force de considérer avec toute l'attention possible ces situations. Je dois tenter de déceler le mécanisme de cette trappe qui, à l'instant où je pourrais *coïncider* avec une situation, s'ouvre sous mes pieds.

Le jour de mon mariage. J'ai dormi jusqu'à huit heures au moins. La messe est à midi – Je finis de lire un roman de Daphné Du Maurier – Je n'ai plus l'ombre d'un souvenir de ce livre – Ah oui, peut-être la description d'un grand escalier. Je ne le jurerais pas – Je fais attendre le coiffeur – Je veux à tout prix finir mon chapitre – J'entends ma vieille tante et maman se désoler de mon entêtement et s'affairer à la recherche d'épingles à chapeau et de gants de résille égarés – L'image a sauté comme dans un très vieux film – Me voilà assise et livrée au coiffeur.

Je tourne et retourne dans mes mains la couronne de perles et de fleurs brodées de fils d'or. Quelqu'un me la prend des doigts. Je la retrouve placée sur ma tête. Mes yeux regardent celle que je suis – celle que pour les autres – je suis. Une vraie mariée. Je constate l'émotion qu'ont à me regarder ceux qui tournent dans la pièce, entrent, sortent. Tout est si soyeux, si lisse – ma peau, mes cheveux, le satin de ma robe –, le destin n'a pas prise. Peu à peu s'éveille en moi une humeur joyeuse, impatiente. Je vais revoir tant d'amis! Même des amis d'enfance que je n'ai vus de dix ans. Ma surprise en apprenant qu'Adrien est arrivé – au grand soulagement de maman – car son avion a eu deux heures de retard. Je ne crois pas avoir pensé jusque-là une seule fois à Adrien ce matin. Ah oui, lui aussi est là. Ah mais oui, puisque je l'épouse – Bien sûr je l'épouse – Il est très important qu'il soit là! Et la cérémonie! Toute la cérémonie à laquelle j'assiste en invitée d'honneur. Toute cette existence à laquelle je n'ai cessé d'assister depuis! Ma reconnaissance que d'autres se soient donné la peine de la mettre en scène pour moi – mon plaisir d'y tenir, en somme, ma partie à la satisfaction de tous. « Toute la vie », a dit le prêtre – ces mots m'atteignent. C'est long, toute une vie! Un vertige – des milliers et des milliers de nuits où nous dormirons ensemble, comme Tohi et Toho, mes chats siamois dans leur panier – des milliers de jours, des milliers de nuits. Ils sont passés. Ils sont passés comme un soupir. Rupture du film – Liliane B. Je suis couverte de poussière après un long voyage. J'arrive dans une ville inconnue. Les cloches de l'église sonnent à toute volée. Je demande : « Que fête-t-on dans notre église? » Une vieille me répond : « On te marie, ma fille! » Je dis : « Ah oui, bien sûr! » Et j'entre dans mon costume de voyage. Je reste postée à l'entrée. J'oublie mon doigt dans le bénitier. Je suis émue – J'identifie autour de moi nombre de figurants – Mon cœur se serre violemment à reconnaître de dos la silhouette élancée d'Adrien devant l'autel. À côté de lui, le prie-Dieu est vide – Une longue robe blanche est drapée sur le dossier – et la couronne de perles et de fleurs brodées de fils d'or est posée de biais. La cérémonie suit son cours. À nouveau les cloches sonnent. Les invités se dirigent en long cortège vers la sacristie pour féliciter le marié. Ma gorge est sèche. Je quitte en hâte les lieux.

Depuis ces jours derniers, des scènes surgissent devant mes yeux dont la réalité est aussi indiscutable que celle de mes remémorations les plus précises. Les niveaux de conscience se chevauchent. Les scènes que j'ai vécues de façon vérifiable dans cette vie ne sont pas d'une nature intrinsèquement différente de celles dont je n'ai – du moins je le crois – que la vision. La matière dont elles sont taillées est similaire. J'en ai l'absolue certitude. Je ne saurais dire d'où elle m'est venue. Mais elle est là, indubitable. Comment dire mieux? Je palpe, je touche. Le grain de l'étoffe est le même. Le « réel » et l'« irréel » sont taillés dans la même étoffe. Réel – Irréel – Un seul et même degré de réalité, d'irréalité. J'ai produit ma vie – les milliers de gestes et d'actes dont elle est tissée – comme je produis les images, les visions de ces jours derniers. De même manière qu'une araignée sécrète cette gomme filandreuse qui devient soie au contact de l'air – et dont elle tisse sa toile. Je ne saurais en dire davantage, mais la certitude est entière. Nos catégories sont illusoires. Rien n'est ce que j'ai cru.

Où en suis-je de ma quête?

Où sont-ils ces points de tangence où tous les niveaux de conscience se coupent – où j'ai été UNE – entière?

La sensualité vécue avec Aldo a manqué être un de ces lieux. Oubli total de moi-même – tant désiré – Collapsus de toute mémoire – Les hiéroglyphes du plaisir sur une peau de femme – n'importe quelle peau, n'importe quelle femme. La chronique que tracent sur les corps les langues de feu. Oui, ma perte de mémoire, mes gémissements de louve. Éros! La trappe où tu fous le camp, ma belle, avec tes os et tes cheveux, ton nom et tes ongles. Il court, il court le furet, le furet du bois, madame – il court, il court à travers toi, ma belle, remonte le canal de ta moelle et te décérèbre – Et voilà ta peau doublée de moire électrique – précieuse étoffe que le plaisir déchire du sacrum à la nuque. Et là où tu cesses d'avoir un nom, là où casse le fil, tu renais dans la glaire et la sueur – Mystique du pauvre – Éros! Et d'où vient l'amnésie qui, d'une fois à l'autre, me fait tout oublier?

Ô désastre! Dès l'instant où j'émerge, la conviction me dégrise : ce n'est pas lui! Aldo, mon maître absolu des plaisirs, n'est pas le maître de mes abysses et de mes rêves! Ils aboient, les chiens de mes rêves, quand il s'approche de trop près, et les chevaux de mes rêves hennissent et s'ébrouent quand il veut leur flatter le col. Ce n'est pas lui! Ce n'est pas lui! Anne, ma sœur Anne, ne vois-tu rien venir? Et sans que j'aie à le lui dire, il le sait, Aldo, il le flaire. Son désir de moi s'emporte, s'exacerbe – Nos recours aux ersatz du dérèglement et de la violence se font de plus en plus fréquents. Notre liaison est cette asymptote au piqué vertigineux qui frôle l'amour mais ne l'atteint jamais.

Partout où je regarde, où la vie pourrait avoir prise : la faille, la faille! Cette faille qui me scinde! À peine visible à l'œil nu, à peine un cheveu! Le subtil paraphe apposé au bas d'un décret.

La faille, la faille...

« PERSONNE ne peut m'aider sinon moi-même. » C'est la phrase que j'ai écrite ce matin de mon rouge à lèvres en grosses lettres sur le miroir. La chaleur de la lampe les a fait couler ce soir; elles ont l'air de saigner. C'est la phrase que je me répète chaque fois que je suis tentée de poser un doigt sur le cadran de mon téléphone ou de répondre à la sonnerie. (À un seul moment, j'ai cédé; c'était une voix bourrue qui demandait le vétérinaire. Pour la première fois depuis tous ces jours, j'ai éclaté de rire. La leçon n'était-elle pas claire?)

« ...sinon moi-même. » Ne suis-je pas seule à connaître la cryptographie de mon passé, le tracé sous moi de ces galeries secrètes dont l'éboulement me menace? N'ai-je pas été assez longtemps maîtresse en pirouettes, en divertissements, en détournements?

Aussi longtemps que mes forces me le permettront, je veux garder les yeux fixés sur l'énigme de ma débâcle. J'ai découvert, dans ce désespoir neuf, une sorte de ferveur féroce et tenace dont je ne me savais pas capable et à laquelle je me tiens.

Il se passe une chose étrange.

Ma dérive a cessé depuis cette nuit – et ce bruit de cataracte à mes oreilles.

Je suis naufragée.

Maintenant que ma première épouvante est passée d'avoir tout perdu – références et papiers d'identité, bagages et trousseaux de clefs, amis et parents –, je commence de m'orienter dans cet environnement inconnu et désertique où j'ai touché terre.

Je n'ai que la vie sauve.

J'admire la sagesse de la langue qui n'autorise pas d'écrire : j'ai ma vie sauve.

C'est *la* vie sauve que j'ai – celle qui coule, irrigue les créatures, les traverse – celle qui ne se laisse pas interrompre et tuméfier en une quelconque identité furonculeuse.

VOILÀ cette nuit dernière ce qui m'est advenu.

Dans la transe du demi-sommeil, j'ai vu au sommet d'un promontoire une femme qui me faisait signe de la suivre. Je me suis levée aussitôt et mise en marche. Je n'avais conscience que du chemin pierreux où je butais sans cesse; chaque heurt me causait un violent mal de tête. J'ai distingué peu à peu un paysage d'éboulis sous la lune et je sentais sans la voir battre la mer au loin, comme aux tempes un sang. Par deux fois, j'ai manqué perdre la trace de mon guide et la panique m'a étreinte; mais elle est réapparue derrière un de ces buissons épineux qui parsemaient la colline. Sa démarche était aisée, glissante, indifférente aux cahots du sentier. Je crois même qu'elle chantonnait en avançant, car les lambeaux d'une mélopée levaient de temps à autre dans mon dos l'aigrette d'un frisson. Je ne songeais pas même à me demander où elle m'emmenait : être enfin guidée m'importait plus que tout le reste.

La pente que nous avons gravie m'a mise en sueur, mais maintenant que s'amorce une descente dure, j'ai grand-peine à me maintenir debout; chacun de mes pas met en mouvement des blocs de pierre. Ils m'entraînent quelques mètres dans leur éboulement et je peux, cramponnée à quelque buisson, les entendre, au loin, se fracasser sur le rivage. À chaque chute, je crois mes os rompus; mes douleurs sont violentes. J'ai la tentation un moment, tant l'épuisement m'a minée, de me laisser emporter et broyer sous leurs meules. Mais mon guide me tire comme malgré moi dans son sillage. Bientôt s'esquisse l'enclave bleutée d'une crique. Et, sous mes pieds, commence le sable. La femme s'est arrêtée pour m'attendre et tourne lentement vers moi un visage que sa silhouette si juvénile et dansante ne m'aurait pas laissée prévoir : le visage d'une très vieille femme – à ma grande surprise, il m'est apparu aussitôt familier. Elle me montre du doigt un indéfinissable paquet qu'ont apporté les vagues et dont elles jouent encore comme d'une algue, le posant, à chaque ressac, dans un déploiement au drapé changeant. Nous avançons ensemble dans la mouillure de l'écume. C'est une noyée aux lourdes jupes noires que je distingue alors. La prochaine vague balaie de son visage les longs cheveux qui le voilaient et les dispose en une ample corolle sur le sable : je reconnais ce visage ainsi dénudé, c'est le mien – mon cri part au-dessus de nos têtes – et me réveille.

Je me suis assise dans mon lit.

Ma lampe de chevet, que depuis la première nuit je n'ai plus osé éteindre, brûlait. J'ai effleuré du regard le contour de l'armoire, les cadres des tableaux, la chute claire des rideaux. Une paix régnait parmi les choses qui m'entouraient. Toute panique m'avait quittée. Alors seulement le miracle, que la terreur des nuits précédentes n'avait pas opéré, s'est produit : les vannes de mes larmes se sont ouvertes. J'ai pleuré – J'ai pleuré – Jusqu'à l'aube, j'ai pleuré. Les premières larmes m'ont brûlée. (Depuis tant d'années que se concentre en moi leur acidité!) Puis elles se sont fluidifiées – elles ont fini par ruisseler comme pluie aux vitres. Jamais –

jamais je n'aurais cru que des yeux puissent produire pareille quantité d'eau!

Au matin, quand j'ai vu, au miroir, mon visage tuméfié et, entre deux boursouflures lilas, deux yeux déteints qui me cherchaient, une sorte de grimace (que je savais au fond de moi un sourire) est montée à mes lèvres; le Quasimodo du reflet me l'a aussitôt rendu. Jamais je n'ai vu pareil sourire. La Tendresse. Mes yeux ont vu la Tendresse! N'est-ce pas même la première fois que ce mot affleure à ma conscience comme du fond d'une vase remuée monte une bulle?

JE VENAIS tout juste de faire ma toilette et de m'habiller quand a retenti la sonnerie de la porte.

Je n'ai eu aucune réticence à aller ouvrir. Il y avait en moi cette clarté que j'avais autrefois enfant chez nous quand, sans une trace d'hésitation, je bondissais au son du heurtoir, soit pour ouvrir, soit pour disparaître au jardin par la buanderie.

La jeune femme qui se tenait devant moi m'était inconnue – du moins dans l'ordre des évidences premières.

Je me suis exclamée : « Ah c'est vous! » et elle n'a pas paru surprise.

Ses yeux étaient ouverts – non pas au sens commun d'yeux ouverts ou fermés – mais pour de bon : ouverts. J'y pouvais entrer. Je m'y mouvais dans un espace hospitalier. Comment dire? La plupart des êtres s'entre-regardent comme derrière une jalousie baissée, s'épient – et les tombereaux de mots qu'ils déversent ne visent qu'à distraire de leur impuissance à regarder, à soutenir un regard.

Milena me regardait. (Niva, que je n'avais pas remarquée d'abord, s'était sans doute avancée à un moment donné pour dire : « J'ai voulu vous faire connaître mon amie Milena, arrivée tout juste de Prague. » Mais je ne suis pas sûre que cela se soit vraiment passé ainsi.) À la voir, je me suis souvenue d'un monde où les êtres circulaient avec aisance d'une âme à l'autre, où chaque regard échangé laissait le cœur repu. Un monde que, sur cette terre, je n'ai pas connu.

Elle est entrée.

Elle a regardé autour d'elle – les tableaux, les plantes, les objets. Elle a dit :

« Les choses ici ne sont pas seulement belles; elles sont aimées. Leur rayonnement est bénéfique. »

Puis après un silence, elle a ajouté :

« Moi aussi, j'aime les choses avec lesquelles je vis; ma main et mon regard les enveloppent et les frôlent. Et, quand il m'arrive de rentrer chez moi, épuisée, après le travail, les choses me rendent l'énergie que je leur ai donnée; au bout d'un court moment les forces me sont restituées. Connaissez-vous cette sensation?

– Pour vous, Liliane, est intervenue Nina en riant, c'est peut-être plus évident encore dans votre jardin, l'été, où les résédas et les rosiers vous appellent par votre prénom. Je les ai entendus!

– Savez-vous, a poursuivi Milena, que certaines présences, tout au contraire, irritent les objets, mettent à rebrousse-poil les velours, ôtent aux satins leur moire, plongent les plantes dans l'angoisse? Me croirez-vous si je vous dis que j'ai connu une tasse de porcelaine de Sèvres qui s'est jetée dans le vide du haut d'une étagère à la brusque entrée de feu ma belle-mère? J'ai des témoins, je vous l'assure! »

Nous avons éclaté de rire.

« Je ne suis que trop portée à vous croire, ai-je ajouté après une pause : depuis trois jours que je vais mal, les ampoules électriques explosent quand je touche du doigt le commutateur, les tiroirs coincent, les ouvre-boîtes, les décapsuleurs, les casse-noix se refusent à me servir, les boutons de mes chemisiers sautent, les cols m'étranglent. Les choses rendent l'angoisse que je leur cause. Et voilà trois jours que Musil, mon chat, n'est pas rentré. »

Je me suis assise tout en parlant et leur ai désigné deux fauteuils. Milena s'est brusquement agenouillée près de moi, la main sur mon bras.

« Que se passe-t-il? »

Je l'ai longuement regardée sans répondre.

Dans ses yeux, autour de la planète fixe et noire de la pupille, s'enroulait une spirale de vibrions jaunes. Jamais je n'avais regardé ainsi un visage. J'ai longé la ligne où la poussée drue des cheveux blonds délimitait le front. Au bout de l'arc, la tempe m'est apparue comme une plage lisse dont je ne parvenais plus à me détacher. L'imperceptible battement d'une veine me tenait fascinée. Je percevais la vie qui l'habitait : ce n'était pas la vie de Milena ni celle d'une quelconque personne. Une force en elle nourrissait le feu têtu de la vie. La même force qui agissait en moi et en n'importe quelle créature. Une hydre aux mille têtes : ainsi m'est apparue, une fraction de seconde, l'entière constellation des vivants. De cette perspective où j'étais parvenue, être Milena ou être moi ne faisait plus de différence. Le plus étrange dans cette révélation était la paix qu'elle me donnait. Loin d'éprouver une panique à voir, dans cet océan, se perdre ma petite goutte, j'en ressentais une gratitude profonde. Je ne me disais pas : « Ainsi tu n'es personne » – mais : « Voilà donc qui tu es. »

Qu'il pût s'agir là d'un instant déterminant pour toute mon existence – je m'en trouvais aussitôt convaincue. Mais c'est précisément cette conviction qui m'a fait perdre l'équilibre et lâcher prise. Comme un seul instant de distraction fait rater le barreau d'une échelle, je dégringolai de cet état de clarté. Je retrouvai aussitôt ma conscience diurne et son mortel commentaire. Toute ma vie, j'avais attendu que les grands événements se présentent en costume d'apparat, portés par les clairons et les trompettes, le grand fracas des émotions et des dramaturgies. Je n'avais pas prévu que dans une situation aussi anodine, aussi calme – sans qu'aucun réseau passionnel ne relie entre eux les participants – puisse s'ouvrir en moi une perspective aussi mystérieuse. Je l'avais perçue sans pouvoir la fixer. Et ma surprise même m'avait valu de lâcher prise.

Milena a caressé ma main.

« Et cette soudaine tristesse, Liliane, pourquoi? »

J'ai répondu :

« Je vous ai vue; pour la première fois j'ai vu un visage – et je vous ai reperdue. »

Milena a eu un merveilleux sourire.

« Souvenez-vous que vous avez VU et non pas que vous avez *cessé* de voir. Ces choses-là – ces choses indicibles ne sont saisies que par fulgurations. Ne vous imaginez surtout pas que vous puissiez les retenir ni les rappeler. Ce n'est ni l'attente, ni la volonté, ni le plus fort des désirs qui les suscitent. Préparez-vous à une dure évidence : ces fulgurations n'ont pas de prix, elles sont gratuites, elles ne sont données que par surcroît à qui n'a rien exigé. »

Niva s'est levée pour faire du thé et nous a laissées seules. Je l'en ai remerciée au fond de moi-même. Milena m'a regardée longuement en silence; rien en moi n'a tenté d'esquiver son regard.

« Vos yeux voient des abîmes, ces jours derniers... », a-t-elle dit.

J'ai fait signe que oui et cette seule concession m'a mise au bord des larmes. Je m'en suis aussitôt excusée par un vieux réflexe :

« Je n'ai jamais pleuré autrefois, vous savez – ce n'est pas mon genre. Mais, depuis trois jours, je ne sais pas ce qui m'arrive.

– Savez-vous ce que vous êtes en train de traverser? »

J'ai fait signe que non.

« La nuit des âmes. »

J'ai senti l'inutilité de poser une question. Ces mots me suffisaient. Je percevais à leur densité que ce malheur n'était pas mon seul tribut; que je foulais là, en somme, une piste sauvage mais aussi vieille que le monde. Ma solitude, tout en subsistant, s'inscrivait dans la trajectoire d'autres errances. « La nuit des âmes. » De ces mots dont je ne percevais pas tout à fait le sens, je me suis néanmoins saisie avec ferveur, me promettant d'en extraire plus tard le suc.

Longtemps, nous sommes restées sans parler. C'était neuf, pour moi, ce silence crissant comme une neige. Je ne me souviens pas de m'être ainsi tue en présence de quelqu'un – sinon pour flirter.

« Est-ce long? » ai-je demandé soudain. Et

ma propre voix m'a fait sursauter : je n'avais pas eu conscience que cette phrase s'apprêtât à quitter mes lèvres.

Milena aussi a paru un moment interloquée.

« Quoi donc?

– La nuit que vous disiez, la traversée de cette nuit? »

Elle m'a regardée avec une gravité que je ne lui avais pas encore vue. Il lui coûtait de répondre.

Et soudain d'une voix sèche :

« Dites-moi plutôt ce que vous voudriez entendre?

– Qu'elle est déjà traversée, bien sûr!

– Fermez donc les yeux et regardez. Vous êtes seule à connaître la réponse – cette réponse-là, comme d'ailleurs toutes les autres. »

J'ai fermé les yeux.

Dès que mes paupières ont été baissées, j'ai *vu*. J'ai su que tout espoir d'en finir vite avec le cauchemar de ces derniers jours était exclu. Mieux encore (ce que j'ai saisi là, jamais je n'aurais accepté de le croire si quelqu'un en ma présence eût osé le prétendre) : *j'avais cessé de vouloir en finir au plus vite.* Non que je commençais d'aimer cet état – hypothèse par trop invraisemblable –, je pressentais, je flairais que jamais je n'avais été plus près de je ne saurais dire quoi – d'essentiel. À condition, toutefois, de continuer de forer le puits même où je me trouvais jetée.

Déjà, l'idée de retrouver ma vie normale, de reprendre mes activités quotidiennes, mes sorties, mes visites et mes invitations, de renouer cette relation policée à moi-même m'apparaissait insoutenable. Rebrousser chemin m'était, désormais, au moins aussi terrible qu'avancer dans cet inconnu.

J'ai murmuré :

« Pour sûr, je suis loin d'être arrivée!

– Vous voyez que vous savez la réponse! Regardez encore. Voyez-vous autre chose d'important pour vous?

– Je vois très clairement une poutre – une poutre sur laquelle j'avance. Ne te préoccupe que du pied que tu es en train de poser! C'est la phrase qui me vient. Je la répète : Ne prends garde qu'au pied que tu poses...

– Voilà qui est précis », a dit Milena.

J'ai ouvert les yeux. Aussitôt, cet état d'abandon et de clairvoyance dont je venais d'émerger m'a paru suspect. J'ai éprouvé quelque embarras comme si je m'étais laissé aller à un comportement incongru en présence d'une étrangère. À rencontrer le beau regard serein et ouvert de Milena, une honte m'a saisie. Puis la colère. Une rage, oui, j'éprouvais soudain une rage contre ce service d'ordre en moi qui extradait aussitôt tout nouveau venu, toute émotion neuve, ne tolérait que les comportements distanciés et conformes. De quel dressage mesquin n'avais-je pas jusqu'alors été le singe!

Nous sommes restées encore sans parler. J'ai fini par me rasséréner.

« Milena, qu'avez-vous fait de moi, ai-je demandé, pour que je me mette ainsi à jouer les sibylles de Cumes? C'était bizarre. Je voyais et j'entendais clairement ce que je vous ai dit. »

Elle a ri de grand cœur.

« Je vous assure que je n'y suis pour rien! Vous avez tout bonnement repris contact avec vous-même. Ne criez pas à la magie noire! La seule magie noire est celle qui vous a fait perdre ce contact. Ces multiples influences qui se sont substituées à votre propre savoir. N'allez pas vous croire possédée parce que vous entendez enfin votre propre voix! »

J'aurais pu continuer de questionner Milena. Je n'en ai rien fait. Les phrases qu'elle avait dites me suffisaient – elles se propageaient en moi à tous les échos.

Niva est revenue, chargée d'un grand plateau. J'apprécie le silence avec lequel toujours elle opère. Pas de cliquetis de cuillères, pas de heurts de porcelaine. La nature l'a sans doute dotée comme les chauves-souris de ce système d'orientation par ultra-sons qui permet de déjouer les obstacles.

Je me sentais soudain légère, presque heureuse.

« Quand vous serez parties, ai-je dit, je déferai mes cadeaux. Toutes ces choses que je n'attendais pas et que vous m'avez apportées! Je ferai ça en grande cérémonie comme quand j'étais petite. ».

Je n'ai jamais parlé de mon enfance, sinon pour raconter les anecdotes que je tenais d'autres témoins. De certaines de ces anecdotes, j'ai soupçonné qu'elles étaient, si j'ose dire, apocryphes ou qu'on me les avait attribuées à tort, j'ai continué néanmoins de les raconter sans prendre mes propres doutes en considération. Si bien que rien, au cours des ans, ne m'est devenu plus étranger que cette enfance.

Or, ces jours derniers, j'ai été deux ou trois fois interpellée par des sensations singulières. Quelque chose d'ancien affleurait.

« Quand j'étais petite, ai-je continué (et au fur et à mesure que je parlais, le souvenir me revenait), je ne déballais jamais un cadeau sous les yeux des adultes. Je l'emportais comme un butin et je m'enfermais à double tour dans ma chambre pour dérouler les rubans, déplier les papiers avec une lenteur cérémonieuse. Je me mettais toujours au beau milieu de la chambre, là où Averli et Averlo pouvaient au mieux suivre mes gestes. Averli et Averlo! D'où resurgissent-ils, ces deux-là? Je jure que, depuis tout ce temps-là, jamais plus je n'ai pensé à eux, grotesques de stuc au plafond de ma chambre. Leurs figures fantasques grimaçaient d'une guirlande de feuillage, de part et d'autre du lustre. L'un riait – l'autre avait l'air grognon. Quand ma lampe de chevet était allumée, leur physionomie se modifiait légèrement. Et quand ne brûlait que celle de ma sœur Élise, alors c'est Averlo qui riait et Averli qui prenait l'air piqué. Je n'ai rien fait de toute mon enfance sans les prendre à témoin, jamais mangé sans dérober pour eux les miettes symboliques que je plaçais dans une coupelle. Tout était ritualisé à l'extrême dans ma vie d'enfant. Un découpage du temps et de l'espace d'une complexité inouïe. Je savais encore que tout était sacré : le réveil comme le coucher, chaque pas, chaque geste, chaque parole. (Il est des mots que je n'eusse pas prononcés sous le couteau.) Comment se fait-il que ces choses-là me reviennent soudain? C'est votre présence, Milena...

– C'est surtout le dialogue renoué avec vous-même. En cours d'existence nous devenons réalistes, concrets, effectifs, c'est-à-dire que nous perdons contact avec la complexité et la diversité de la réalité qui est, par essence, sacrée. Pourquoi croyez-vous que certains vieillards finissent par ne se souvenir que de leur enfance? Elle seule a le poids, l'épaisseur du réel; l'âge adulte retourne à son irréalité, à la brume des valeurs abstraites, arbitraires et datées auxquelles il a tout sacrifié. »

Bientôt, le salon s'est rempli comme d'un bruissement. Tout fleurait l'enfance. Chacune s'est mise à en parler. Mais les mots n'importaient pas.

J'étais là – non pas dans le passé ni dans l'enfance d'autrefois, non plus que dans le futur de mon angoisse – mais là, en ce matin du 20 octobre. Et j'entendais la branche du poirier toquer à la vitre – et je voyais sur le tapis se modifier le contour d'une tache de soleil avec le balancement, devant la fenêtre, du dernier feuillage. Elle n'est rien d'autre, l'enfance, que cette présence aiguë aux choses. J'étais en enfance, j'étais présente. Ah, les forces que j'ai puisées en ces minutes! Je sais combien j'en aurai encore besoin.

Milena et Niva se sont levées pour prendre congé. Je venais d'avoir le désir d'être laissée seule.

Sur le pas de la porte, nous attendait le vent. Il apportait l'odeur des pommes.

Comme j'allais refermer la porte, Milena est revenue vers moi pour me dire :

« J'allais oublier – mais il est bon que vous ne soyez pas prise au dépourvu : attendez-vous maintenant à la montée des boues. »

J'étais interloquée.

« Des boues?

– Oui. Un puits se fore en vous. Avant que n'affleure l'eau claire, attendez-vous à la montée des boues. »

Je n'étais pas revenue de ma stupéfaction que déjà la petite voiture bleue de Niva disparaissait derrière la rangée des arbres.

Après leur départ j'ai annulé ma soirée du samedi. Elle m'était intolérable, la pensée de me mouvoir dans l'orbe coutumière des rencontres et des conversations. J'ai su que certains de mes amis s'inquiétaient de mon sort, mais il n'a pas été aussi malaisé que j'aurais pu le croire de décourager les sympathies et les curiosités. Comme il est facile, somme toute, d'ouvrir une trappe au beau milieu de la vie et d'y sombrer au vu et au su de tous! Je ne l'aurais jamais soupçonné! Un jour viendra où même l'amertume que j'éprouve à ce constat aura perdu son fiel.

MILENA a eu raison.

Elles montent les boues, elles montent.

Ma vie croule sous les tombereaux de boue que déverse en moi le ressentiment.

Je me réveille, les yeux pleins de fange. Je suis aveuglée, je tâtonne. Sortirai-je vivante de ce marasme? Je n'ose plus y. croire.

Une vie de mensonge.

Une vie – Potemkine qui dresse sur l'avenue ses façades de carton peint. Toutes ces émotions feintes. Tous ces êtres autour de moi qui n'ont pas su me dire que chaque acte, chaque pensée sur terre portent à conséquence. Tous m'ont menti. J'ai menti à tous de tant de mensonges divers – à tous et à moi-même. J'ai menti le jour – j'ai menti la nuit – j'ai menti vert – j'ai menti bleu. J'ai menti rouge. Et toutes les couleurs se sont mêlées en cet infâme brunâtre. Nuit de mensonge – nuit du ventre – nuit des ongles – nuit des reins – nuit du sang. Nuit. Nuit. J'ai menti – j'ai nui. J'ai nui au ventre. Nuit au cœur – mensonge d'une nuit d'automne – nuit mensongère. Tous ces êtres autour de moi qui applaudissaient à mes feintes, à mes roueries, à mon savoir-faire, à ma virtuosité. Et personne au monde pour me dire le prix des demi-mensonges, des demi-vérités! Je n'ai su que plaire, plaire, plaire. Tous ces hommes qui ne voyaient en moi qu'une patère docile où accrocher leurs rêves! Tous ces êtres réduits à l'état d'allumette qu'il faut frotter pour en faire jaillir une flamme – frotter à n'importe quoi : une mode, une idée, une peau de femme – comme je vous hais! Comme je me hais! J'ai nommé plaisir ces ténèbres. Chaque fois que j'ai ouvert mes jambes, j'ai enfanté pour l'ombre. Je les vois maintenant, alignés en moi, ces fœtus morts – comme des miches de pain sur l'étagère du boulanger. On n'ouvre pas ses jambes impunément, Liliane B. Chaque tir met dans le mille. Chaque tir fait mouche. Te voilà le vaste hangar où sont stockés leurs mauvais rêves. Il n'est rien sur terre qui ne porte à conséquence. Une loi qui n'a rien à voir avec la morale apprise – strictement rien à voir – loi de pure évidence.

Le bluff fait monter un brouillard dense. Les demi-vérités sont grandes mangeuses d'âme. J'ai froid. La clairvoyance, l'hiver de la clairvoyance : l'amour que m'a porté Aldo me fait grelotter. Il m'a dépossédée de mon humanité. Il m'a transformée en une déesse de plâtre. Chacun de ses regards visait à m'idéaliser ou à me jeter aux enfers de la démonie, c'est tout un. Tantôt fée, tantôt succube. Non pas que je ne sois parfois l'une ou l'autre, mais jamais il ne m'a laissée vaguer en paix dans l'espace fluctuant et vivant qui sépare le ciel de l'enfer. Dans ma nostalgie d'intensité, je me suis laissé faire. J'ai goûté cette identité dont il me revêtait, sans voir qu'elle me coûtait la vraie peau. Théâtre de la passion. Nous ne nous sommes jamais rencontrés – adulés, déchiquetés, oui – jamais rencontrés. L'idée de le revoir me révulse. Je lui ai dit, hier, au téléphone. J'ai parlé, parlé, déversé ma rage. J'ai su plus tard que, dès les premiers mots, il avait lâché l'écouteur et quitté la pièce. Il est revenu dix minutes plus tard; ma voix continuait de résonner dans le vide. Alors seulement, de deux doigts, comme on ramasse avec dégoût un objet sale, il a raccroché. Pour lui, je n'existais plus – il me l'a fait savoir par Éléonore, ma sœur.

« Elle est devenue folle », a-t-il dit.

Il a orné de crêpe noir mes photos et mes portraits. Il conserve pour lui-même l'image de ce que, selon lui, j'ai été. Voilà ce qu'il m'a fait savoir. J'en éprouve une horreur indicible – la même que j'ai eue tantôt en apprenant que sont gardés, dans certains laboratoires, en vue d'expérimentations, des fœtus frigorifiés. Le plus ignoble des viols. Comment m'arracher à ses mains et à sa mémoire?

J'ADMIRE la cruauté de la nature. Les souffrances que j'endure sont distillées de telle façon que je n'en meurs pas. À peine ai-je atteint la limite du supportable qu'un événement me redonne une force neuve, m'accorde un répit avant que ne déferle sur moi la prochaine vague. Ainsi en a-t-il été de la visite de Milena et de cette révélation que j'ai eue, en contemplant son visage, d'une présence au monde qui transcende nos identités. Sans cette clarté, j'aurais lâché prise, j'aurais succombé à la tentation d'un quelconque analgésique ou me serais livrée aux mains d'un médecin.

Une impérieuse intuition me fait malgré tout tenir bon. Je dois continuer l'exploration, seule, sans appel au secours. Malgré le cynisme des mots qui se forment sous ma plume, j'ai la conviction que cette atroce crise est une chance unique. Si, au lieu d'en risquer la traversée, je me mêle de la « soigner », j'ai perdu ma mise et mon destin.

Pourquoi nierais-je ma peur, ma peur lancinante de heurter les brisants de la folie ou du suicide?

Elle est là, tapie dans mes yeux. Mais pire, pire encore est pour moi la représentation d'un retour à la « normalité ». Retrouver ce brouillard dont enfin j'ai pris conscience, cette vie larvaire, cette vie d'eau croupie – la vie dont je m'accommodais comme tous ceux qui m'entourent – me remplit d'une horreur bien plus véhémente que cette avancée périlleuse en terre inconnue – J'ai choisi.

DEPUIS mon réveil ce matin, je sais cette chose terrible : j'aime Adrien. Cette nouvelle m'atteint comme une lanière cinglée de plein fouet sur mes yeux ouverts.

J'aurais pu imaginer de nombreuses tortures, jamais le raffinement monstrueux de celle-ci ne me fût venu à l'esprit.

J'ai vécu vingt ans avec lui. Souvent nous nous sommes frôlés. Maintes fois, nous avons été à deux doigts de nous rencontrer – et parfois, la grâce de la tendresse nous a pris au dépourvu. Mais jamais, je n'ai dirigé toute mon attention sur ce lien qui nous unissait; jamais, il n'a mérité toute ma vigilance. Non que cette vigilance eût dû être soutenue. Je ne parle que de cette tension d'un instant que j'ai vue tantôt à un chevreuil surpris dans une clairière. Quelque craquement ténu l'avait alerté. Un frisson de sa robe, puis chaque nerf, chaque muscle bandé dans une concentration si aiguë que le seul fait de la soutenir du regard m'a fait vibrer. Voilà la tension dont je parle.

Mon seul cri, ce matin, implore l'instant – l'instant – cette cible que j'ai méprisée parce qu'elle était toujours offerte. Qu'ai-je fait de ces millions d'instants qui appelaient ma présence?

Peu m'importent vingt années ou une quelconque durée! Je ne réclame qu'un seul instant – A cor et à cri : un seul instant – où te voir, Adrien – Un seul instant à habiter avec toi – Un seul instant qui remplirait ta prophétie – la première phrase que tu aies dite : « Nous nous connaissons. » Un instant, Adrien, dont tu sois, dont je sois, l'archer, la cible et la flèche – Un instant!

Ce n'est pas une ruse pour te reprendre si je crie ce matin, si je t'appelle. Un seul instant me rassasierait, je le jure – Un seul instant.

Sans cet instant, je suis condamnée à errer sur terre, la faim au ventre.

J'ai tant pleuré. Les yeux me pèsent comme s'ils avaient été remplacés par des boulets de métal. Je n'ose plus bouger la tête, de peur qu'ils ne me tombent du visage.

QUEL atroce jour que ce 1er novembre – Rien ni personne au monde ne me ferait aller sur ta tombe – Ce serait accréditer le fait que tu es mort. Or je sais que tu ne l'es pas; tu ne cesses de changer depuis ta mort. Tu es devenu une souffrance absolue – toi qui ne m'as jamais causé de chagrin. Tu es devenu d'une séduction insupportable. Tu t'es détaché de moi. Ta liberté me harponne.

Comment s'appelle-t-elle, cette nuit qui règne en moi? Cette nuit qui a pris ses quartiers dans mes reins et dans mes viscères, sur mes lèvres et sur mes doigts? Elle s'appelle amour, cette nuit-là. Amour ganté de noir. Elle étrangle sans laisser d'empreintes. Tueuse incognito. J'aime un mort.

Que sont mes amis devenus?

Et les odeurs que j'ai senties, et les mains

que j'ai tenues dans les miennes, et les pains que j'ai mâchés, et les cris que j'ai perçus, et les lettres que j'ai écrites – Et les nuits où j'étais caressée morte ou vive – Où sont restées mes peaux tendues au tambour du plaisir? Et les morts suaves, les succulences du sentiment, les départs grelottés? Que sont devenus ceux à qui j'ai ouvert les portes du paradis et ceux que, d'un coup de pied au derrière, j'ai jetés au rebut? Qui m'a devancée dans ce trou noir où tout disparaît? Que sont mes amis devenus, et ceux pour qui je récitais le rosaire de l'aversion, et ceux pour qui je mangeais le pain noir de la compassion? À quel moment tout a-t-il commencé de finir?

Il m'apparaît aujourd'hui que tous sont morts – que tout est mort en moi, autour de moi – et que tu es désormais le seul survivant, le seul vivant.

Adrien.

Je soupçonnais bien que je n'avais jamais aimé.

Souvent j'ai été amoureuse, aux prises avec les jeux et les faux-semblants de l'amour, souvent ensalivée et mâchée par le désir. Mais je soupçonnais bien que tout cela dissimulait un au-delà. Et cet au-delà m'inspirait une distance prudente, mieux, un effroi secret – Je pressentais qu'il avait quelque chose à voir avec la mort. Mon instinct était juste – Cette destruction de mon être en ces jours, ce point de non-retour où je suis parvenue, m'ont brusquement livré passage. Le sceau qui plombait l'entrée a fondu dans la fournaise. J'ai accès à l'amour.

Dans le désespoir absolu.

JE suis seule.

Je crois entendre parfois le rire d'invisibles tortionnaires.

Le sens de cette épreuve?

Rien ne me plaisait mieux, enfant, que les contes dont le héros traversait d'effroyables épreuves, franchissait des fossés remplis de serpents ou de langues de feu, subissait de cruelles métamorphoses qui le rendaient méconnaissable pour celle même dont il voulait gagner le cœur. Ce goût m'est resté. Ces dernières années, j'ai dévoré les récits des pratiques initiatiques que relatent Frazer ou Éliade. Les mille façons qu'ont inventées les cultures et les dieux pour faire passer l'être humain de l'état de nature et de léthargie à celui d'éveil me tenaient fascinée. Je déplore dans notre civilisation morne et repue l'absence de toute pratique d'éveil – la sordide torpeur dont rien ne nous arrache. Le séjour au royaume des morts des jeunes Yaoutes, la traversée des nuits, l'ensevelissement, le visage dans la boue, sous des débris végétaux, l'enfermement des mois durant, accroupi dans une minuscule cabane de branchages – la faim, la soif, la peur, la nuit des yeux bandés, les blessures rituelles, que sais-je encore – tout parle la langue âpre et sauvage de la nécessaire initiation.

Mais que savais-je de la détresse? Que pouvait signifier, pour moi, la « traversée de la mort » sinon des mots, des mots, des mots? La souffrance m'a toujours attirée, mais une souffrance-motif d'art dont les tortuosités et les courbures avaient leur grâce. Ainsi, cette jeune femme aux longs cheveux ouverts qui se tordait les mains sur une eau-forte du dix-huitième siècle, dans le boudoir de ma tante, et dont la douleur était extatique. (La référence au texte en cursive était : « Elle l'attendit en vain » – et renvoyait, entre parenthèses, à la page 149 – j'en mets ma main au feu – mais de quel livre?)

J'ignorais tout de la détresse solitaire.

Bien sûr, la souffrance d'un enfant ou l'évocation d'une atrocité de guerre me révulsaient jusqu'au spasme. Mais comment dire ce qui sépare la compassion, la pitié la plus ardente, la souffrance « rapportée » de la souffrance qui referme sa mâchoire sur toi?

Comment dire la nuit où tu fais connaissance de l'horreur, la nuit qui, pour la première fois, s'ouvre sur toi comme un bâillement de gouffre?

Et la détresse absolue, voilà que tu expérimentes la détresse absolue – dans une solitude indescriptible – sans référence aucune – une détresse fraîche éclose – neuve – neuve – pour toi toute seule. Une détresse qui n'a encore servi à personne et qui ne revêtira plus personne après toi : en une nuit, tu l'useras jusqu'à la trame. Une détresse, à toi seule. La seule chose au monde qui t'ait appartenu en propre.

L'HIVER est venu si brusquement. En une nuit de tempête, toutes les feuilles ont été arrachées et chassées en grands tourbillons par la campagne. Et la neige les a recouvertes. Et le silence crisse. Tout ce blanc me mange les yeux. L'hiver me fait des yeux blancs, des yeux pochés. Ces yeux de truite au bleu qui m'ont toujours retourné l'estomac quand je les rencontrais dans une assiette. Le vent glacial me brûle les cils. Je n'ai plus rien pour abriter la nudité de mes yeux. Le vent mange les larmes qui me perlent en marchant. Ah! que ne me mange-t-il le cœur, ce cœur de silex qui m'entaille la chair à chaque expiration, ce cœur dont je ne viens pas à bout, que je rêve arraché à ma poitrine. Je ne sais ce qui en moi s'est détraqué. Je ne vis plus que pour nourrir mon chagrin. Je lui donne à boire et à manger. Je n'ai plus d'autre raison d'être. Comme il se porte bien! Quel appétit! Comme j'ai de peine à le rassasier – Encore! Encore! crie-t-il quand je crois avoir vidé dans sa gueule ouverte toute la nourriture que j'avais en réserve. Encore! Encore! Mais je suis pleine de ressources – je fouille, je fouille – et je trouve en moi de quoi parfaire son repas de fauve. Encore! Encore! J'ai compris le sens de mon existence : je suis le maître de bouche de mon chagrin et son maître des plaisirs. Je ne chôme guère. Qui est ce monstre en moi qui ne se nourrit que de regrets, de souffrance et de ressentiment – et n'est jamais rassasié? Qui est cette part de moi qui me barre passage, qui a juré ma perte – mon ego – mon saint Sébastien criblé de plaies et de flèches – Sébastien Ego mon bourreau! Le pire des bourreaux : celui qui se travestit en victime. Partout où je tente une esquive – une promenade, une lecture, une halte à ma table de dessin – il se dresse devant moi, demande son dû.

Il ne m'accorde plus le moindre répit. Quand je tente une fuite en avant, un pas, il se jette devant moi et me barre la route. Il a juré ma perte. Me voilà livrée corps et âme à mon ennemi. Sébastien Ego – le travesti, le dévoreur d'âme et de pitié – le chialeur.

Je dois l'anéantir.

Je dois lui faire lâcher prise.

Je suis sur un minuscule radeau – et il s'agrippe pour y grimper avec moi. Or, je sais, or, il sait que son poids nous fera chavirer, qu'il n'y a pas place pour lui sur mon esquif. Je dois à tout prix lui faire lâcher prise. À coups de hache sur les doigts.

Légitime défense.

Et plus ma haine de lui augmente et plus je sens – horreur – que ses forces à lui en sont accrues et que les miennes diminuent. Ma haine de lui le nourrit, lui tient lieu d'élixir. Chaque rage, chaque rébellion, même l'idée de suicide, même sa réalisation sans doute, n'est qu'une corde de plus autour de mon cou, une manière de m'entortiller un peu plus dans les lacis du piège. Il n'y a pas d'échappatoire. Ma colère fait vivre ce moi qui désormais me révulse; ma complicité avec lui s'est brisée. Dans mon désespoir, j'alimente qui je rejette. Je joue ma destinée entière pour cet étranger vorace et parasitaire que j'héberge – Sébastien Ego, le travesti, le dévoreur d'âme et de pitié – le chialeur.

Pour la première fois, il m'apparaît clairement que Liliane B. n'est pas identique à Sébastien Ego – qu'il existe une distinction entre le moi profond et ce forcené qui tire à lui toute l'attention. Il me répugne de le voir se comporter en moi comme en pays conquis, mettre en place, aux quatre coins de mon corps, ses régiments de la médiocrité, de la présomption, du ressentiment, de l'amertume et de la fortuité. Ces résidus, ces déchets, ces abats qu'il me fait prendre pour la vie, ma vie et la réalité! Son agitation ne vise qu'à remuer la vase, à épaissir le trouble de cette eau dans laquelle je me débats – pour garder sur moi tout son pouvoir. Or, je pressens, au-delà de ces agitations, une autre réalité où cesserait le règne de mon Sébastien Ego – et je crie à ma délivrance!

Les morts ont ceci de terrible qu'ils n'offrent pas de résistance aux métamorphoses que leur font subir les vivants – ils sont prêts à se laisser glorifier ou sacrifier à un malentendu ou jeter en oubli pour toujours. Tout leur est égal. C'est dire qu'être glorifié égale pour eux être jeté au rebut – comme deux fois deux égalent quatre. Je ne prétends pas que tout leur soit indifférent : tout leur est d'égale valeur. La nuance est d'importance – la combinatoire peut être infinie : le résultat reste le même. Un résultat dont ils s'accommodent sans discussion.

Je prends ma sœur Élise. Un exemple – je peux la pétrir au goût de ma mémoire du jour. Je peux la voir en petite fille dont la beauté mélancolise les yeux qui la regardent. Ses cheveux épais, toujours nattés – même nattés de neuf, le soir, pour dormir. Et quand le ruban s'égare et que les cheveux s'ouvrent, les larges torsades, comme séparées par des dents de peigne, gardent leur ondulation et leur moire de cascade. Sa peau claire – une peau de blonde dans ses cheveux noirs – est parsemée d'éphélides. Quand elle rit, l'eau bleue de ses yeux est toute crêpelée de petites vagues et sa pupille noire y roule et tangue comme une barque. « Je ne voudrais pas savoir combien d'hommes tu vas rendre malheureux ! » soupire Mlle Frise, notre professeur de piano. Pourquoi Élise rendra-t-elle les hommes malheureux? Et pourquoi Mlle Frise soupire-t-elle? Élise dit que c'est Mlle Frise qui rend les hommes malheureux avec ses poils au menton. Élise a la dent dure. Et quand elle rit, elles luisent, les dents de loutre dont la morsure se devine cuisante. Et la voilà déjà, l'autre Élise, que la colère et l'humeur mauvaise ferment – clac – comme un couteau à cran d'arrêt. Fini – bien le bonsoir – partie sans laisser d'adresse – La fente qui permettrait en y introduisant l'ongle d'activer le mécanisme d'ouverture est introuvable. Élise, surface d'acier poli où ongles et griffes n'ont pas de prise – Élise, ma sœur d'acier – Élise, ma rage – ma première morte – Je fais de toi, aujourd'hui, ce que je veux.

Quand je prends Adrien c'est la même chose. Tout me devient possible. C'est une argile qui se laisse pétrir. Ne prend-elle pas toutes les formes que lui impriment mes doigts? Quand je dis Adrien-lâcheté, il rentre les épaules, serre les fesses et s'esquive. Quand je dis Adrien-ennui, d'anciens bâillements m'écartent les dents; quand je dis Adrien-charme, il ajuste sa cravate en me regardant longuement, par-dessus son épaule. Argile que je malaxe – argile que je malaxe – Adrien ma torture, ne perçois-tu pas que je t'insulte et te provoque pour t'entendre crier halte?

Est-il plus éloquente réponse que ton silence? Tout est mon œuvre, n'est-ce pas? Rien que mon œuvre. Ce scénario qui se déroule devant moi, je l'ai écrit, mis en scène, et je le joue.

Les morts sont partis. Au lieu même qu'ils abandonnent, ils ne laissent qu'un miroir. De loin, tu les aperçois encore qui se meuvent, prennent des postures, s'agitent. Quand tu es assez proche pour tendre la main, tu heurtes la paroi glacée du miroir et tu comprends que toute cette gesticulation que tu observais tantôt, ces mines, ces contorsions étaient les tiennes. Partout, tu ne vois que toi. Cette réalité-là, sur terre, est ton œuvre. C'est toi, l'unique instigatrice du complot de ta vie, l'unique meneuse. Et tu n'as rencontré dans les autres – dans l'autre – ta vie durant, que des images prétracées, déformées tant par tes rêves que par tes peurs. Jamais encore ton regard n'a été vierge. Tu n'as VU PERSONNE. Tu ne connais personne – non, Adrien, nous ne nous connaissons pas.

Je ne voudrais pas mourir sans avoir sur toi levé les yeux. Des yeux neufs.

J'AI laissé mourir mon bégonia rose.

Je me souviens avoir reçu de lui, voilà quelques jours, un signal furtif – mais j'ai oublié, assaillie par d'autres démons. Le monde souffre cruellement autour de moi de la nuit où je me débats. J'en ai la certitude. Le noir qui irradie de moi infeste d'autres vies, d'autres consciences. De moi, partent sans cesse des ondes de détresse. Ceux qui les reçoivent, plantes, bêtes, humains, en sont assombris – sans en soupçonner le pourquoi. Je propage des rêves mauvais, des angoisses, des disputes. Mon malheur entraîne d'autres existences dans son ornière. Je me crois seule mais d'invisibles relais transmettent ailleurs mes signaux, les amplifient, contribuent à obscurcir le monde. Tout, sur terre, est porté par nos visions. Toute guerre a son début dans les yeux d'un vivant. Le premier tir d'artillerie ne crépite pas aux frontières d'un pays, mais dans une conscience d'homme. Et chaque paix, sur terre, commence par se poser dans une main ouverte.

Toute pensée porte à conséquence.

Je ne suis pas la seule que ma détresse a fait faner et flétrir. À peine ai-je mesuré la terrible portée de cette constatation qu'un sordide contentement me frôle : ainsi, je ne suis pas seule à dépérir. N'est-ce pas la satisfaction qu'éprouvent certains vieillards à entraîner dans leur aigre déclin tout leur entourage, à se délecter de toutes les nouvelles de catastrophes de par le monde, à tout infester de leur négativité? Ose regarder cette vérité-là, Liliane! Même de ces sentiments, te voilà capable! Tout ce que tu n'aurais jamais soupçonné, jamais cru de toi-même! Ose regarder, Liliane! Tu n'es à l'abri d'aucun sentiment né dans un cœur humain, d'aucune pensée que quelqu'un – n'importe qui au monde – a pu concevoir. Tout peut à tout moment te traverser et te hanter. Moulin ouvert à tous les vents – une âme. N'importe laquelle. Même si tu as pu croire que portes et fenêtres étaient solidement verrouillées, que tu filais entre les quatre murs de ton ego une existence préservée. Vient l'heure où l'ouragan jette les battants hors des gonds, arrache à leurs charnières volets et doubles vantaux, s'engouffre dans chaque recoin de la bâtisse, balaie tout de son tourbillon. Et te voilà, soudain, qui tu es : n'importe qui, n'importe quoi – toi – rien – le vieillard acide, le bégonia rose. Tout.

SOUVENT, la nuit, je supplie Dieu de me laisser seule.

J'écoute le scalpel de la peur sur ma peau. Tsssss – bruissement de soie – crissement rouge de hiéroglyphes – tatouage indélébile.

Je sais que j'ai créé cet enfer de toutes pièces. Je sais que ces démons qui m'entourent étaient ceux qui m'habitaient incognito, passagers jusqu'alors clandestins.

Je me les suis enfin arrachés du ventre pour les affronter. Comment tout cela va-t-il finir? Jusqu'où ira ma folie meurtrière? Je me vautre dans le désespoir – je suis sa chose, sa proie. À chaque évasion que j'esquisse, il se dresse devant moi avec son gourdin.

Impossible désormais de battre en retraite – les ponts sont minés.

Et de nouveau, voilà dans l'obscurité où je me débats que s'entrouvre une lucarne.

Un livre m'est tombé entre les mains.

Sur la page de garde, quelques mots à l'encre bleue de la main d'Adrien : « voir chapitre 7 ».

Je peux de mémoire relater ce que j'y ai lu – dans chaque détail.

L'histoire d'Hakuin, moine bouddhiste, peintre et poète du dix-huitième siècle, commence – comme, moi aussi, je la commence – par une lecture : le récit de la vie contemplative de maître Shi Shuan affermit Hakuin alors en pleine crise, dans sa décision de suivre, coûte que coûte, la vie spirituelle.

Hakuin est moine depuis l'âge de quinze ans. Après des années d'interrogations et de souffrances multiples, son errance l'amène au temple de Soinji qui deviendra, par la grâce de sa présence, un des hauts lieux de l'époque Tokugama. Hakuin ne dort ni le jour ni la nuit, oublie de se nourrir et pratique sans relâche la méditation. Il vit là ses premières trouées vers la lumière. De hautes expériences mystiques couronnent sa persévérance. Les gens affluent de tout le Japon pour l'approcher. Son orgueil s'exalte : « Depuis deux ou trois siècles, personne n'a vu ce que je vois – personne n'a été soulevé à pareille hauteur. » Le seul maître à pouvoir mesurer l'illumination à laquelle il est parvenu est le célèbre maître zen, du pays de Shinano, Eta. Hakuin entreprend le voyage qui le mène aux pieds du vieil homme. Avec feu, il lui narre ses plus hautes extases, la clarté, la liberté qui les accompagnent. Le maître n'a pour toute réponse qu'un sourire apitoyé.

Une controverse hargneuse s'ensuit. Hakuin refuse d'admettre qu'il n'a pas encore atteint l'illumination suprême. Alors, le vieil homme hausse les épaules et s'écrie :

« Pauvre diablotin dans ton trou noir! »

Le martyre d'Hakuin est commencé. Puisque ce maître insensé l'a attiré ici, il tiendra bon quoi qu'il advienne. Le cœur lacéré, il poursuit sans relâche ses pratiques et sa méditation du koan. Mais la pire des épreuves l'attend encore. Un soir, le maître prend le frais sur la véranda. Hakuin s'approche, harcelé par sa détresse, pour essayer une fois de plus de le convaincre.

« Cerveau trouble et stupide! » crie le maître.

Et, se jetant sur Hakuin, il le martèle de ses poings, l'envoie rouler du haut de la véranda. C'est le 4 mai, juste après la période des pluies. Le malheureux tombe dans la boue épaisse, reste là, assommé par les coups, presque sans connaissance. Et, au-dessus de lui, le maître qui rit à gorge déployée! Après un long moment, il finit par se redresser; la fièvre cogne à ses tempes. Dégoulinant de boue et de sueur, il gravit les marches de la véranda et s'incline jusqu'au sol devant le vieil homme qui, une fois de plus, soupire :

« Pauvre diablotin dans ton trou noir! »

Le désespoir le plus total a pris en lui ses quartiers et le harcèle sans répit. Il poursuit néanmoins ses méditations, oublie le plus souvent – tout à sa quête forcenée – de se nourrir et de dormir.

Un matin, il descend au village mendier sa pitance. L'esprit occupé de son koan, il s'adosse à la grille d'un jardin. Il n'entend pas l'injonction menaçante du propriétaire : « Va-t'en! » Ce dernier, outré, s'empare d'un balai et le frappe violemment sur la tête. Hakuin tombe au sol, sans connaissance. À l'instant où il rouvre les yeux, il entre en lumière. Jusqu'aux racines les plus secrètes des vies, des choses et des actes – il voit! Devenu miroir, il reflète la clarté du créé.

Il se lève d'un bond, frappe dans ses mains

et, riant de tout son cœur, il reprend en dansant le chemin du monastère.

Le maître l'a vu venir.

« Raconte, dit-il en souriant, ce qui s'est passé. »

Alors Hakuin raconte.

Et pendant qu'il parle, le maître, penché sur lui, lui caresse le dos de son éventail ouvert.

Elle m'a atteinte, l'histoire d'Hakuin. Du fond des siècles et du bout de l'espace terrestre, elle a mis dans le mille.

Je ne saurais dire quels secrets mécanismes elle a soudain activés en moi. Cette vie qui, en apparence, n'a strictement rien à voir avec ma vie m'est aussitôt devenue familière. Tout m'y apparaît si clair et si connu. Mon émotion a été telle que j'ai longuement pleuré – des larmes chaudes et bienfaisantes qui ne m'ont laissé aucune brûlure.

Je parcours des yeux le tracé de l'itinéraire d'Hakuin, à la recherche de ce mystérieux point d'ancrage de son destin en moi.

Premier paysage qui m'arrête :

sa tranquille assurance au temple de

Soinji : il a atteint à la plus haute connaissance. Tout son être rayonne. Et quiconque l'approche éprouve une reconnaissance profonde d'avoir été guidé jusqu'à lui. Précieuse accalmie dans une odyssée tumultueuse. Mais voilà qu'une exigence le taraude : voir au miroir haut d'une âme haute où il est parvenu.

Deuxième paysage :

un lac de montagne au cristal si pur que l'œil, incapable d'en déceler la surface, ne peut que la soupçonner là où le paysage inversé recommence. Ainsi du vieux maître : il ne reflète que ce qui est. D'où la sensation de cruauté que nous éprouvons irrémédiablement en sa présence. Dans notre réalité où la cruauté avance, toujours grimée ou masquée, la lucidité ne peut d'abord nous apparaître que cruelle.

Quand Hakuin, après son récit, lève les yeux vers le maître, ce qu'il voit, dans ce sourire ironique, ce sont les scories de prétention qui sont encore en lui. Certes, il a pu atteindre à des révélations ultimes. Mais quelque chose en lui en est fier comme d'un mérite propre, comme d'une victoire personnelle. L'absolue transparence : voilà à quoi il n'est pas parvenu. Celle qui fait dire au poète : « Ce n'est pas moi, pas moi. C'est le souffle du vent à travers moi. »

Désormais son calvaire est commencé.

Troisième paysage :

la détresse.

Ses vieux mécanismes.

Hakuin est méconnu. On lui fait injure. N'est-il pas victime de l'aveuglement du vieux? La mâchoire de fer d'un verdict injuste s'est refermée sur lui. Il rôde autour de son bourreau, l'implorant de réviser son procès. Il rue, s'étrangle, se blesse jusqu'au sang. C'est l'enfer de l'aveuglement – le pire des enfers : celui que nous nous donnons à nous-mêmes.

Et, malade d'humiliation, Hakuin se traîne encore vers le vieux maître et s'incline devant lui, devant cet impitoyable mystère qui lui barre le passage.

Dernier paysage :

qui connaît l'heure où les premiers coups de bec retentissent dans la coquille? Et celle où, tout au long d'une invisible couture, la chrysalide commence de se fendre?

Hakuin erre au village. Rien ne distingue ce jour des autres jours où, buté, il cogne et cogne comme phalène aux vitres de l'énigme.

Et, soudain, voilà venu l'instant de l'explosion silencieuse. Instant incongru – un coup de balai sur la tête. Une vie entière tendue vers l'exploration du vide, la méditation acharnée, la quête de l'énigme, pivote doucement autour d'une charnière mystérieuse. Et c'est la lumière.

Il a lâché prise, Hakuin. Il a – malgré lui – risqué le saut.

Et le miracle a lieu qui infirme la grande épouvante de tout ego : il n'a pas été dissous dans l'immensité – Hakuin n'a pas disparu – rien ne lui a été enlevé – toute la création s'est encore ajoutée à lui, c'est la différence. Il est Hakuin, plus l'entière création.

J'implorais, tout à l'heure, un instant, un seul instant où rencontrer Adrien. Un instant neuf. Ai-je été exaucée?

UNE FOIS, quand j'étais petite, je suis tombée par mégarde dans une autre dimension de la réalité – je n'ai jamais raconté cet épisode à personne. Je crois même que je ne me le suis jamais raconté. Il a glissé de ma main, sitôt vécu, comme un anneau d'or au fond d'un puits. À l'instant, il m'est rendu – par la grâce d'Hakuin –, je le tourne et le retourne entre mes doigts. Et ma respiration s'emballe.

J'ai neuf ans. C'est la Fête-Dieu.

Nous sommes toutes trois habillées de blanc, mes sœurs et moi. Seules nos ceintures de satin diffèrent. La mienne est vert amande, celle d'Éléonore rose, et celle d'Élise bleu roi. Nous nous sommes disputées avant de partir. Élise prétendait que la mienne était la sienne, mais j'ai pu apporter la preuve : une minuscule tache de mercurochrome, en bordure du liseré, que je m'étais faite trois mois plus tôt à la communion privée d'Éléonore et qui n'était pas partie au nettoyage. Avoir rétabli la vérité me donne une profonde satisfaction, une sensation de chaleur dans la poitrine. Ainsi, la justice existe! Car le plus souvent lorsque Élise, la tyranne, prétend quelque chose et s'y tient férocement, il n'est, hélas! que de céder, la mort dans l'âme. Nos paniers d'osier ont été remplis de pétales de fleurs – roses, marguerites, résédas. Maman nous attend devant le portail, sous une grande capeline et drapée dans cette tristesse endémique dont rien jamais ne soulève un pan (si, pourtant : les clowneries de papa lorsqu'il imite avec maestria les accents les plus divers). Nous montons dans la voiture. « Trois mariées! » dit mon père en riant. Assises sur la banquette arrière, nous nous absorbons dans la contemplation de nos paniers. Bientôt, nos doigts commencent d'y fouir, de séparer les pétales, de plumer les corolles et de remuer avec délices dans cette ouate fraîche. « Elles vont flétrir si vous les touchez! » Maman nous admoneste. Pendant les dix minutes que dure le voyage, les parfums nous font friser l'ivresse.

Nous voilà maintenant sur la place de l'église. En descendant de voiture, je m'aperçois d'une chose terrible : un pan de ma jupe et le long bout de ma ceinture de satin ont été pris, pendant tout le voyage, dans la charnière de la porte et sont maculés de cambouis. Une tristesse insoulevable. La sensation d'un destin mauvais dont rien ne me délivrera. Les porteuses de bannières marchent en tête du cortège, exposées à tous les regards. Je ne porterai pas les bannières avec Élise et Éléonore. Je resterai en arrière dans le gros de la foule. En moi s'installe cette torpeur que j'ai éprouvée souvent depuis, à chaque coup du destin. Les tentatives de mon père pour me consoler me font pitié. Je m'éloigne d'eux tous. Leur contact m'est insupportable. Puisqu'il ne m'est pas permis d'être qui je suis – une porteuse de bannière – je ne serai rien ni personne – un rien monté sur deux jambes, perdu dans la foule des n'importe qui. Le curé m'a d'abord cherchée des yeux, et j'ai vu Éléonore et Élise lui faire part, le feu aux joues et avec maintes gesticulations, de ma mésaventure. Je l'ai vu se caresser le menton puis tendre la hampe de « ma » bannière à... Claude! N'importe qui, Seigneur, mais pas Claude! La seule au monde dont je ne peux supporter la pensée qu'elle porte ma bannière. C'est elle qui, à l'école, mange la peau du saucisson – et pas seulement la sienne : elle collecte même celle des autres, sur les assiettes, à la cantine! Je ne mesure plus aujourd'hui la portée scandaleuse de cet acte, mais, à cet instant-là, voir ma bannière aux mains de Claude me dérobe le sol sous les pieds. Être si aisément remplaçable sur terre est une expérience cruelle. L'être par n'importe qui est insoutenable. Dans mon cœur, une énorme araignée remue doucement ses pattes velues. Je porte ma main à ma poitrine et lutte contre une envie de vomir. Le visage tout ridulé de Mme Horla, la mercière, penché sur moi : « Hé, Liliane! tu te sens mal? » Je la regarde, interloquée : comment a-t-elle pu me reconnaître? Moi qui ne suis plus? Le noir du cambouis ne m'a-t-il pas recouverte entière comme un mot sous un pâté d'encre? Je m'éloigne d'elle sans répondre. Désormais, je n'adhère plus à la scène qui se déroule autour de moi. Cette réalité n'a plus prise. Tout glisse et cahote devant mes yeux comme la projection défectueuse d'un mauvais film. Je me suis retirée.

J'ai abandonné ma vieille demeure aux araignées et aux courants d'air. J'ai mis la clef sous le paillasson. Mon dernier souvenir est celui de quelques garnements dont Marc, le fils du postier, qui se montrent du doigt ma jupe en pouffant. J'ai le temps encore de m'étonner que leurs ricanements m'atteignent si peu. Le lieu qu'ils visent n'est plus habité. J'ai la sensation de me voir comme eux à quelques mètres de distance. Et brusquement le monde chavire.

Tout disparaît. Ma honte, ma solitude, mon humiliation. Tout est changé : le ciel, la place de l'église, les grands marronniers, le cortège et moi. En cet instant, oui, tout se fond, se confond, s'amalgame. Le ciel, la place de l'église, les grands marronniers, le cortège et moi. Bien que tout demeure distinct, le ciel, la place de l'église, les grands marronniers, le cortège et moi, tout est d'une SEULE et UNIQUE coulée. Combien de temps cela a-t-il duré? L'espace d'un battement de cils, dix minutes, une année? Aussi brusquement que tout a commencé, tout cesse. Je suis moi de nouveau – mais dans la clarté d'une indicible bénédiction.

La transparence de l'air, les feuilles de

marronniers gorgées de chlorophylle, l'éclat de couleurs. Je vois pour la première fois. Je vois.

Entre le ciel et moi, une brusque envolée d'ailes, le frissonnement multiple d'une nacre impalpable : les poignées de pétales jetés à la fois par tant de mains d'enfants. Averse translucide, sous laquelle je ris de plaisir.

En revivant cette scène, je sais aussi pourquoi je suis devenue peintre – et pourquoi, de toutes les techniques, seule l'aquarelle a mon entière fascination. J'ai cherché, ma vie durant, cette qualité de lumière et de transparence; et chaque fois que, sur ma feuille, je fais courir l'eau et que l'émotion me serre la gorge – vais-je tout gâcher ou capter quelques-unes de ces coulées de pure lumière? j'ai neuf ans, c'est la Fête-Dieu, et je viens de recevoir le sacre de la naissance.

Toute la vie jusqu'à ce jour, Liliane B., j'ai essayé de te distraire du souvenir de ta véritable identité. Te faire oublier – te baigner dans la molle amnésie d'une existence normale.

Qu'ai-je fait d'autre que te divertir, te détourner? Une vie! Ce long détour.

Je t'ai soignée. Je t'ai baignée. Je t'ai parfumée. Je t'ai amenée chez le coiffeur. Je t'ai promenée au bois, au moins deux fois la semaine, pour te faire respirer. Quand tu fonctionnais mal, je t'ai amenée chez le médecin. Je t'ai couchée sur le billard – ci et là, l'ablation d'un kyste ou l'extraction d'une dent de sagesse. Je t'ai baignée dans l'eau de mer, dorée au soleil. Je t'ai procuré des amants, une cure homéopathique, un régime à base de fruits, des gouttes contre l'hypotension. Mais, entre toi et moi, le courant n'a pas passé. Un nœud. Un tabou. Lentement pourrissait entre nous un secret : « Non, tout cela n'est pas la vie! » Que d'activités, que d'agitations pour désamorcer une vérité qui, lorsqu'elle explose, emporte le masque et le visage! L'art a bien rempli sa fonction. L'art a su te rendre supportable l'insupportable. Au lieu de chambarder ton existence entière, tu as pu grâce à lui bercer ton attente : dodo, l'enfant do, l'enfant dormira bientôt. Il y a tant d'appels en toi que tu as réduits au silence! que nous avons réduits au silence! Ah! combien sommes-nous dans ta peau,

Liliane B.? Combien avons-nous été à faire régner en toi la terreur du conformisme – « Mais non! Mais non, voyons, tout est bien ainsi! »

Ta soif de lumière, nous l'avons abreuvée de clinquant et de brio. Ta faim de pureté, nous l'avons nourrie de pain complet et de fruits garantis non traités. Ton exigence de discipline intérieure, tu l'as inscrite à un cours de gymnastique, et ton désir d'amour, bradé au plus offrant.

Qu'ai-je fait de moi-même? Comment s'appelle-t-elle, cette guerre sans merci que je me suis livrée? Quarante années durant? Une vie.

APRÈS cette accalmie, ces heures de bonheur sur les pistes d'Hakuin, j'ai repris mon errance. Insaisissable délivrance qui m'a frôlée de si près! Ai-je rêvé? Cette semence qui était tombée en moi n'a pas trouvé le sol où elle eût pu germer. Mes champs sont infestés de souffrance – infertiles.

Ma première pensée au réveil, ce matin, est « j'étouffe ».

J'étouffe, donc je vis encore.

La souffrance est là, recroquevillée en moi, tapie dans mes ombres comme un gnome velu que rien ne parvient à déloger.

À chaque réveil, je reconnais son poids et son emprise. Combien de temps cela va-t-il durer?

J'ai perdu la face et j'ai perdu les masques. Avec le dernier que j'ai arraché cette nuit, en rêve, est parti tout mon visage.

La nudité aussi est une enveloppe que j'ai ôtée. Me voilà écorchée.

J'ai suspendu des étoffes devant tous les miroirs de la maison. Je n'ose plus lever mes yeux vers eux. J'ai perçu tantôt leur hésitation, puis leur effroi, à me refléter. Même les miroirs tiennent à leurs habitudes. Sous les étoffes, je les sens soulagés de n'être plus pris à témoin. Je laisse dormir leurs eaux.

Jamais je n'aurais cru possible qu'un être pût sécréter un malheur aussi constant et aussi terrible.

Dans un poème sanglant de mon enfance (Hugo? Heredia?) (par quelle lugubre prémonition aimais-je tant ces poèmes? ou n'est-ce pas plutôt que l'eau de nos vies épouse la pente de nos imaginaires?), sur le champ de l'après-bataille, dans un crépuscule de sang et de cendre tournoient les corneilles. Les écorcheurs sont à l'œuvre, dague au poing, qui achèvent ce qui remue encore – ainsi en est-il de moi.

Dès qu'un espoir bouge, mes tueurs se précipitent pour l'achever.

Toutes mes forces se sont transmuées en férocité contre moi-même.

J'ai écrit à la craie sur la porte de mon placard : « Dieu a juré ma perte. Dieu m'a mise en joue. »

Je n'ai pas même le courage de revendiquer mes raids terroristes contre moi-même.

L'envie de mourir est devenue un maelström épouvantable qui ne me recrache plus et dont la puissance croît d'heure en heure.

Quelle est la nature de cette chimie, implacable – de cette insidieuse transmutation d'une existence, somme toute bonne à vivre, en débâcle? Dans quelle cornue s'est opéré ce passage d'un corps chimique à un autre? Et n'est-il pas réversible, ce précipité?

Et pourtant, à écrire ces mots : le même haut-le-cœur que tantôt.

Retourner à mon existence passée me terrifie plus encore que tout le reste.

Une ou deux choses de la vie me sont apparues au prix de cette souffrance, une dimension d'être dont j'ai commencé de flairer la trace.

Oui, pire encore que tout au monde, est l'ignorance dans laquelle j'étais.

CE SOIR, le froid est devant ma porte comme un couteau tiré.

En un bref laps de temps, le paysage a passé d'une transparence bleue, aiguë, à une grisaille terne et râpeuse. Un nuage de cendres s'est soulevé devant mes yeux. Voleuse de tons et de couleurs, la nuit est là. Un éclair noir : mon chat Musil a fusé entre mes jambes. Et, au même instant, ma décision s'est trouvée prise – irrémédiablement prise comme dans les glaces nocturnes la quille d'un voilier :

je marcherai toute la nuit.

J'irai droit devant moi jusqu'à ce que la souffrance ait lâché prise. Si je rentre de cette équipée, ce sera sans lui – sans Sébastien Ego – sans mon bourreau.

Je me sens comme la mère du petit Poucet lorsqu'elle a eu décidé : je vais l'égarer dans la forêt. Je ne peux plus le nourrir! Il y a quelque chose d'un crime dans ma décision – quelque chose qui me durcit et qui étrangement me libère. Ma tête est claire. Mes gestes sont calmes et précis. Je coupe en petits morceaux le mou du chat – et je n'éprouve pas même l'habituel dégoût. Je rince le sang sur mes doigts et sous mes ongles – je suis résolue. Je trouve la volonté de m'asseoir à mon secrétaire et de rédiger trois lettres qui me poursuivent depuis des semaines – pour annuler tout projet d'exposition, ce printemps. Même l'Art-Expo de Bâle, où je me réjouissais tantôt de retrouver des amis, est rayée. Je respire – je mets de l'ordre dans le chaos de mon courrier comme avant un voyage. Je visse le capuchon de mon stylo. Je fais claquer mon écritoire.

Je ferme les yeux. Je me laisse devenir toute molle. J'« ouvre les os », comme disent les taoïstes. Je m'abandonne et je dérive.

Et je me vois marcher – égrener mille et mille pas – droit devant moi, à l'encontre d'une aube incertaine. Je marche. Je marche. La lune est haute et pleine, sa clarté, de glace. Monde minéral de la nuit où les grands arbres devenus colonnes portent sur leurs travées le poids du ciel. Les sous-bois et les buissons entrecroisent leurs récifs de coraux noirs. Il est long, le chemin d'un hameau à l'autre, dans ce pays du bout du monde. Le froid dessine, sur mon front nu et sur mes tempes, l'exact tracé des veines où gèle le sang. Sur mon visage, s'éclaire leur lacis bleu. Mon sang regarde la nuit de verre à travers ma peau transparente. Tout tinte et tout cliquette. Le froid crisse sous mes semelles. Mes pieds sont lourds, informes.

J'avance avec une lenteur de bête.

Je délaisse mon humanité. Je me laisse tomber, en marchant d'une patte sur l'autre. Je hante la nuit polaire, la nuit des ours.

Je m'étire. Je reviens à moi.

Je me lève.

Je me vêts le plus chaudement possible. J'enroule un long châle et enfonce ma toque de fourrure sur mes yeux. Un moment d'hésitation quand j'entrouvre la porte et que la nuit blanche me montre ses crocs. Il est temps encore de rentrer, de préparer mon sommeil, avec toutes les prudences d'une infirmière qui couche et borde un blessé. Ma main tire la porte derrière moi avec une détermination sèche et mes pas m'entraînent. Je marche longtemps sans une pensée, mais ce vide, en moi, est sec : une palissade contre laquelle les images percutent, rebondissent ou se cassent. Je me suis élancée, sans avoir eu à m'interroger, vers l'orée du bois. Le tracé de ma marche est devant mes yeux. Je me dirige vers la forêt de Lublin. Je la traverserai jusqu'à l'étang de Branek et, de là, j'obliquerai vers la travée qui scinde le vaste district de mélèzes. Le chemin est assez large pour que l'obscurité n'y soit pas totale. Puis, ma destination se perd quelque part entre Wolfberg et Alstein. Cette trajectoire est la brutale lancée d'un projectile. La violence qui vibre en moi s'apaise dans ma détermination. Je me suis décochée dans la nuit comme une flèche. Une part de moi restera en arrière, perdue. L'autre se fichera, sifflante, dans quelque cible lointaine. Ma propre brutalité ne m'effare pas. Le verdict est rendu; j'exécute mes propres hautes œuvres. Celle qui s'est mise en marche n'est pas celle qui reviendra.

VOILÀ des heures que j'avance. J'ai dépassé tous mes vieux repères de marcheuse – le fût du hêtre, citadelle hérissée de créneaux qu'ont sculptés les intempéries – les deux mélèzes siamois, la fontaine au cresson, l'étang gelé. Je ne reconnais plus rien. Il y a eu un instant où la perspective a basculé. J'ai cessé d'avancer droit devant moi pour commencer de descendre. Désormais je m'enfonce. J'ai quitté la surface de la terre pour une autre destination à moi inconnue.

J'ai froid. Je suis sans repères et loin de tout hameau. Entre les instants où la peur commence de me chicaner, de tirailler le pan de mon châle, j'ai de longues absences. Ma marche forcenée emprunte soudain d'autres jambes. C'est ma mère qui erre en moi, sous les bombes de Dresde. Liliane B. fait son entrée peu glorieuse sur terre dans le ventre d'une jeune fille terrifiée. Le dernier embrassement de l'homme qu'elle aime, sans doute disparu dans la tourmente de la guerre, lui a greffé ce surgeon. Comme si ce monde de carnage où il ne faut que fuir et se terrer n'était pas assez terrible en soi! Elle pense à la femme dans le tramway dont lui a parlé sa gouvernante et qui tenait sur ses genoux une boîte à chaussures ficelée : les restes calcinés de son enfant. Elle a devant les yeux cette femme hagarde, qui tient comme un ciboire ce carton entre les mains. Son horreur est sans bornes quand elle touche son ventre; par quel maléfice ce paquet s'y est-il introduit? Elle va sans savoir où. Dans son sac, un poudrier brodé au petit point, où une jeune fille se balance sur une escarpolette entre deux buissons de roses – un polissoir de nacre et un médaillon serti de perles fines et de diamants noirs aux initiales de sa mère, précieux débris du naufrage d'un hôtel particulier, dans une avenue proche de la place Am Zwinger. Rentrée de son cours particulier de dessin à seize heures, le 10 février 1945, elle ne retrouve plus son quartier, ni sa rue, ni sa maison. Je suis entrée par effraction dans le corps d'une enfant perdue. Mes pieds?

Les siens? J'avance – je suis en elle. Et, par un étrange retournement, la voilà en moi. Cette nuit, je porte dans mon ventre, comme un fœtus, ma mère. Des années plus tard, au côté de mon père retrouvé, et dans tout le luxe rendu, sous des capelines à bords vertigineux, ses yeux sont encore ceux d'une adolescente perdue entre Dresde et Chemnitz.

Il arrive que ceux dont on croit qu'ils ont survécu soient restés sur les routes de l'exode, adossés à un arbre, et que personne au monde n'ait jamais songé à les y chercher, à les prendre par la main, à les bercer un seul instant pour annuler la malédiction. Nous nous fions trop aux apparences. Nous croyons vraiment qu'ils sont tous habités, ces corps qui vont et viennent et poussent les portes – ces corps qui hantent nos vies. Non, elle n'est jamais revenue de ces temps de carnage et de peur, ma mère. Et personne n'est allé l'y chercher. Et moi qui marche aujourd'hui dans cette nuit d'hiver, je te prends la main et je t'entraîne – et je jure de laisser à jamais derrière nous cet état de zombie. Tu m'entends, à jamais derrière nous! ma mère!

Et je marche. Mes doigts gourds me font souffrir : une douleur sournoise qui part de sous les ongles en explosions silencieuses et cogne sous les omoplates. Elle crisse, la neige. Je suis prise entre les lames du froid et j'avance. Elles cliquettent et s'affilent, s'affûtent à mon corps – je suis leur meule à aiguiser. Tout ce qui est doux, mou, cotonneux, tout ce dans quoi on se fourre, on se plonge, on s'enfonce a disparu de la surface de la terre. La nuit dresse partout des murs de verre. J'avance, comme dans le noir infracassable d'une obsidienne. Je ne saurai plus revenir sur mes pas. Le vent, en amassant des congères à l'orée de la haute futaie, a balayé mes traces. Je l'entends qui rôde entre les arbres. Son sifflement s'accroît à mesure que j'avance : une lisière de forêt est proche. Où vais-je déboucher? Je n'en ai plus la moindre idée. Un craquement me jette en émoi. J'entends le sang battre à mes oreilles. Un instant, je crois que c'est ce bruit qui m'a troublée – mais tout aussitôt la trépidation affolée d'un galop ouvre une brèche dans le taillis : un chevreuil que mon passage a paniqué. Il faut un long moment au silence pour clore la plaie que ce chahut de bois cassé lui a causée – un long moment dont je partage le poids. Puis lentement, comme une eau se referme derrière un jet de cailloux, tout s'ordonne à nouveau.

J'ai perdu la perception de ma peau, de la limite qu'elle dessine à mon corps. Même la douleur de mes doigts m'est tout à la fois familière et lointaine : elle toque en moi, un bec contre une vitre.

En débouchant sur la clairière, je lâche un cri. Après cette tortueuse avancée dans la forêt, la soudaine immensité de ce paysage sous la lune m'étourdit, m'aveugle. Le ciel, brusquement découvert, me happe. Je tournoie en chute libre. Ivresse. Et présence absolue, incongrue, à tous les niveaux de mon être. Je suis en mesure, bizarrement, à la fois de vivre et de « réfléchir » ma situation. Une étincelle de rire crépite. Tout au fond de moi, je n'ai jamais vraiment cru à la gravitation. Enfant, je pressentais déjà que le contrat passé avec Newton était parvenu à expiration depuis belle lurette et que, seul, le poids des conventions et des habitudes nous retenait encore de tomber au ciel. Rien n'est, de ce que tu as appris. Rien, ma belle. Un colossal imbroglio. Vivre d'une vie d'homme, c'est accepter de prendre ce qui n'est pas pour ce qui est. Ah, comment dire? mais comment dire? Ce ciel! Tout danse et spirale autour de nous, ma mère. Tout est nous – excepté ce que nous avons cru être nous. La « réalité » apprise n'est qu'une loufoque distorsion du réel et la tyrannie de la « rationalité », une hallucination collective. Non que ce soient ces mots-là qui me viennent, mais bien plutôt la révélation, l'incroyable révélation de tout cela – sous cette grêle d'étoiles! L'insoutenable splendeur de cette nuit d'hiver! Les cavales du ciel se ruent dans mes yeux! Le monde est neuf – et rien, rien ne me sépare de lui!

Et, à l'instant où j'apprends à naviguer dans cette immensité, je me découvre au sol, prise jusqu'aux cuisses dans la neige lourde d'une congère. Je n'en éprouve pas de panique. Je sens – comment dire? – que l'une et l'autre aventure procèdent d'une même et unique réalité, que rien ne les distingue, sinon mon ravissement dans un cas, ma déception dans l'autre; cette myriade d'étoiles où je naviguais et ce champ magnétique de la neige dressant vers la lune ses milliards de pointes d'aiguilles participent du même embrasement. Et mon vol est à mon atterrissage ce que le sourire est aux lèvres, ce que l'eau est à la coupe, ce que l'arpège est à l'instrument de musique, la caresse à la main qui la donne : une irrémédiable unité.

En bordure de la forêt, j'ai descendu, sans y prendre garde, un talus et me suis embourbée dans ce fossé rempli de neige pourrie où je m'enlise à chaque pas. Je baratte pour sortir de cette mauvaise posture. Je veux m'accrocher aux basses branches d'un hêtre qui m'échappent à chaque tentative et me cinglent au visage. Je travaille à ma délivrance comme un bourdon dans une cuillerée de miel. Non! je n'aimerais pas mourir de froid ou d'épuisement dans cette nuit où je comprends deux ou trois choses de la vie et de la mort – deux ou trois choses qui changent tout – qui me jetteraient en conscience, si je les vivais. Ah non! ce serait idiot, maintenant. Et tout se bouscule dans ma tête – comme dans une crécelle frénétiquement agitée. Il y a belle lurette que je ne sens plus ni vraiment mes mains ni mes pieds. Comment saisir ces branches – j'ai, en m'agitant, cette légère nausée qui, dans mon adolescence, précédait un évanouissement. Je sais seulement que je ne dois surtout pas me laisser couler dans cette inconscience. Me voilà Bélá rentrant par une nuit d'hiver dans son lointain hameau après avoir rendu visite à sa fiancée Katrinka : l'histoire hongroise que me lisait ma tante. Bélá s'est mis en route, d'abord bourdonnant comme une ruche de toutes les caresses qu'elle lui a faites : dans les mains, dans le dos, au creux de l'épaule, partout ce grésillement de pattes, d'antennes et d'élytres. Toute une colonie d'abeilles! Katrinka! Il est saoul sans avoir bu une seule goutte de *baraczk*. Il est saoul du bonheur immérité d'aimer et d'être aimé. Saoul comme un pot. Longtemps, il chantonne – longtemps, il marmonne, dans la nuit noire, droit devant lui, des bribes de phrases, des mots, des syllabes; il ânonne, il râle, il rit – parfois, il tourne sur lui-même ou danse trois pas de *czardas* en frappant dans ses mains – et, quand la tempête de neige se lève, il continue de danser. Et quand, peu à peu, les chemins s'effacent, les traces se dissipent sous la brûlure du vent, il continue de bondir en frappant des mains.

Il met presque un siècle à admettre qu'il est perdu et que sa vieille mère, à l'aube, traira seule les vaches. Mais comment le pourrait-elle de ses doigts de bois mort? Et le foin? Comment soulèverait-elle une seule fourchée de foin? Et les noces, les noces au printemps! Il met presque un siècle à admettre qu'il est perdu, que ces heures d'amour auprès de Katrinka ont été ses noces, et que la douzaine de Bélá qu'il a incarnés cette nuit ont été leurs enfants et leurs petits-enfants; ils sont tous là, serrés autour de lui : celui qui dansait et jubilait, celui qui titubait sous le poids du bonheur, celui qui hurle et montre son poing à Dieu, celui que la colère garrotte, celui qui avance la tête basse, assommé par le désastre, celui qui marchande avec la mort, celui qui, après de longues heures de féroce combat, abdique et s'accroupit, la tête entre les bras. Bélá le vacher traverse en une interminable nuit ce que d'autres mettent quatre-vingts ans à parcourir – l'entier périple d'une vie d'homme, le sublime, le terrifiant périple d'une vie d'homme. Et, juste avant que l'aube ne pointe, à l'heure où le délire lui jette aux épaules, toute pleine de son odeur, la vaste houppelande de Katrinka, il vit l'ultime secret : l'abandon à l'amour et l'abandon à la mort ne sont qu'une seule et même glaise chaude.

En moi, se débat le pauvre Bélá. Et la voix de ma tante, que le remords module en fin de lecture : « Non vraiment cette histoire n'est pas pour les enfants. » Mais elle revient toujours à cette histoire-là, quand le livre lui tombe entre les mains – une amnésie mystérieuse lui fait ouvrir la même page – « Non, vraiment, cette histoire n'est pas pour les enfants. » Et le diable si je sors de cette neige pourrie où je m'enfonce et me renfonce à chaque pénible levée de genoux. Le froid m'a réduite entière à une lame froide et coupante. Je n'ai plus d'épaisseur ni de contour. Tout se passe comme si je m'étais retirée dans le dernier bastion de ma forteresse. Les assauts à l'entour – la lancinante douleur des doigts et des pieds n'est plus que la lointaine rumeur d'une bataille qui a cessé de me concerner – et la voix de ma tante dans ce lointain chahut : « Non vraiment cette histoire n'est pas pour les enfants. » Et Bélá en moi qui se débat – et au-dessus de ma tête, la vaste houppelande de Katrinka, trouée d'étoiles. À tout cela, vient s'ajouter une lucidité crêtée, électrique. Les connexions secrètes s'éclairent. Un circuit, jusqu'alors invisible, clignote et s'allume. Se peut-il qu'il m'ait fallu tous ces mois d'intolérable souffrance pour savoir – pour savoir quoi? Que rien n'est ce que j'avais cru? Nous sommes sur terre pour résoudre une ou deux énigmes, déchirer un ou deux voiles. La distorsion, la grimace sont miennes. Ce sont les calques du mensonge et de l'aveuglement glissés entre mes yeux et le monde – LE MONDE EST RADIEUX – le monde est sauvé depuis le premier jour de la Création. De perdu il n'y avait que moi, que toi, que nous qui nous vivons perdus – « Non, vraiment, cette histoire n'est pas pour les enfants. » Mes yeux se brouillent. Fibrilles de sang – Oh non, mourir de froid ou d'épuisement dans cette nuit où je comprends deux ou trois choses de la vie et de la mort, deux ou trois choses qui changent tout : je continue de baratter dans ma congère. Et soudain, sans savoir comment, je me retrouve, agrippée des deux bras à une énorme souche, le ventre sur l'arête.

Je me hisse et m'assieds.

L'effort m'a obscurci la vue. Mon tympan vibre à tout rompre. Une nausée m'encotonne. Dans ces vêtements raidis de boue glacée, le froid m'inocule goutte à goutte sa morphine. Une dernière fois, me frôle le cortège errant des créatures dont j'ai peuplé la forêt : ma mère fuyant sous les bombes de Dresde, la femme du tramway au carton ficelé, Bélá dans la tempête, ma tante qui feuillette le livre, Katrinka sur le perron, envoyant des baisers d'adieu. Et je les vois qui se dispersent, retournent à leur trajectoire propre dont ma conscience d'eux les avait détournés.

J'ai peu à peu la sensation de me dédoubler – une main délicate tire à elle la pellicule transparente qui recouvrait un dessin – et je me vois assise là, gelée, raide – ou plus exactement : je vois, à quelques pas de moi-même, cette créature pitoyable que je ne suis plus : j'ai un zeste de regret à ne pouvoir l'assister, lui poser un bras sur l'épaule.

La voilà qui doucement pivote et, dans un interminable mouvement spiralé, s'affaisse sur le côté et s'abat dans la neige.

Aussi, j'abandonne à son destin cette femme que j'ai si longtemps cru être et qui elle aussi se prenait pour moi. Sans un reproche, sans un geste d'indignation, elle me laisse aller. Rêve, vision que le vent détache de moi comme une feuille d'un arbre. Au même moment, une vague de tendresse me submerge : maintenant que nous avons fait la part des choses, elle et moi, nous aurions su vivre ensemble.

Mais, déjà, tout s'efface.

Les heures qui ont suivi sont enfouies quelque part, braise sous la cendre.

Puis, j'ai mémoire d'un long passage pénible, où d'incessants cahots me ramènent à la conscience. Je tente chaque fois, à nouveau, de m'évader – mais la prochaine saccade me harponne de nouveau. Et cette chose connue qui me reprend, qui m'a reprise, qui m'a gobée comme un œuf cru est la vie – oui – la vie sur terre. Je reconnais ce goût terreux sur la langue – et cette pression, à l'os temporal, des forceps de ma première naissance – sourde présence familière, aux petites aubes, quand je renâcle à me réveiller pour de bon. Je l'ai reconnue – elle m'a reprise. Voilà.

Les secousses qui m'inspirent tout ce scénario mouvementé sont celles d'un tracteur. Je gis dans la pelle mécanique, sur une « paillasse » de sacs de phosphate vides – et mon sauveur, qui m'a généreusement revêtue de sa canadienne, s'est fabriqué pour lui-même une capuche en morceaux de plastique. Mon arrivée à l'hôpital, avec ce chevalier des temps modernes, armorié par une marque d'engrais chimiques, ne passera pas inaperçue – je l'apprendrai plus tard. Pour l'instant, j'ai reperdu conscience. Je m'attarde encore sur l'autre rive.

OÙ ai-je été toutes ces heures?

Un moment, je l'ai su – je me souviens clairement avoir un moment hébergé en moi la certitude : me voilà donc arrivée... Mais où? Où était-ce? Quand je dis : je le sais, qui dit « je »? La vieille énigme des rêves : qui en moi a assisté au rêve et s'en souvient? Qui m'en rapporte des bribes au réveil? Qui garde mémoire? Qui censure? Quel est ce « je », en moi, qui sait et me barre passage? Si j'essaie de retourner sur mes pas pour reconstituer cet épisode, la sensation claire d'avoir su se dissipe – je perds tout.

Accepter de ne plus savoir – Garder sur la langue la saveur d'avoir su.

En ces quelques heures de catalepsie, j'ai davantage appris qu'en toute une vie – mais qu'ai-je appris? Un espace s'est ouvert alors – radieux – dont me sépare à nouveau une paroi transparente, laiteuse. J'écarquille les yeux sans en percer l'opacité. De toute mon âme, de toute ma ferveur je sais que j'ai su. Ne suffit-il pas que ce « j'ai su » change le monde autour de moi – et jusqu'aux gants de lin, où sont glissées mes mains gelées et que je découvre en osant un regard entre les rangées de mes cils?

Au moment de naître, l'ange de l'oubli frappe l'enfant sur la bouche – je l'ai lu dans le Talmud. La naissance est liée à cette amnésie – et c'est ce qui se passe pour moi, une fois encore, aujourd'hui. La seule différence est que, cette fois, *je sais* que l'ange de l'oubli m'a frappée sur la bouche. Je me sais porteuse d'un secret dont la clef m'est ôtée jusqu'à ma prochaine mort – reliquaire d'un Graal dont nos yeux de vivants ne peuvent soutenir la vue. N'est-ce pas assez pour tout transfigurer? Il n'y a désormais plus rien à comprendre, à saisir. Héberger ce mystère me suffit.

À partir du moment où cette révélation se distille en moi, toute ombre disparaît. Comment dire le miel dans lequel je baigne alors? Les draps dont la blancheur est d'un apprêt si naïf, le fin tuyau qui, pour la tranquillité d'esprit de quelque jeune assistant en médecine, relie ma veine au goutte-à-goutte, le clapotement des semelles dans le couloir, tout m'inspire une indicible tendresse.

Désormais, tout est changé. J'ai goûté – comme par mégarde – à la saveur d'être, et tout est changé.

Quelque chose, en moi, n'est pas né avec moi et ne mourra pas avec moi.

Par cette certitude, tout est changé.

Il n'y a plus personne à qui reprocher quoi que ce soit – plus personne, non plus, à convaincre de quoi que ce soit.

Derrière le paravent des mots, des concepts, des arguments, commence une réalité qu'aucun esprit jamais n'a pu rencontrer, ni saisir et que, seuls, des yeux – vidés d'images, clarifiés – reflètent soudain.

À l'instant où cesse en moi toute représentation – toute idée *sur* les choses, les voilà qui apparaissent dans leur évidence impérieuse, leur vide lumineux.

Quelqu'un vient d'ouvrir la porte à la volée et, me croyant endormie, la referme avec une lenteur pleine d'égards et qui n'a que l'effet de prolonger indéfiniment la plainte acide des gonds. Je souris.

Non, vraiment, qui pourrait croire! Qui pourrait croire, en plein hiver – quand les branches sont de bois mort et les prairies autant de tapis pourris, gorgés de neige fondue, quand les buissons enchevêtrent leurs ronces – pelotes inextricables de fils cassés, quenouilles lasses de filer du destin? Qui pourrait croire, alors, sans être taxé de démence, que tout ce désastre couve un printemps? Et qui pourrait croire, à voir sa vie s'en aller à vau-l'eau, à l'heure où tout se dégrade, où la boue s'amoncelle sur les décrottoirs, où une taie opaque brouille les vitres que plus personne ne songe à laver? Qui pourrait croire, quand les poubelles débordent et dégorgent leur contenu, quand les plantes meurent dans leurs pots, et quand des fonds de café encroûtent toutes les tasses – qui pourrait croire à l'heure où les ombres s'allongent, où le bruit des pas décroît, s'éteint, où casse, sans crier garde, la corde d'étendage, où le silence est à hurler – qui pourrait croire, alors – sans être taxé de démence – que sous ses yeux morts vont s'ouvrir des yeux neufs?

Quelqu'un vient d'entrer à pas de velours et dépose quelque ustensile sur ma table de nuit. Sa sortie lui réussit moins bien : et la porte, en lui échappant, lâche un « iiiii » incisif. J'éclate de rire. Me voilà donc revenue parmi mes semblables!

J'ai passé une journée de bonheur à l'hôpital, à contempler l'instant présent, les choses, les gens qui me rencontraient. Nulle part mieux que dans ce lieu, si hautement stérile et technisé – où la vie n'est admise qu'aux heures de visite, ne m'est apparue la précieuse vulnérabilité des êtres. Ici le destin est nu comme le roi sous l'apparat. Et le caractère dérisoire de ces barrières dressées contre la peur et les abîmes eschatologiques, ce gigantesque appareillage médico-scientifique, loin de provoquer ma critique, me touche par son rituel désuet, sa magie conjuratoire qui substitue chromes et pipettes aux onguents et aux charmes. Sous l'étiquette officielle – soigner/guérir – se dissimule une activité autrement profonde. Cette vaste usine distille, transforme et raffine du destin.

Tout vibre ici du travail qui s'opère en

secret dans les esprits et les corps confrontés à l'angoisse, à la souffrance physique, à l'abandon – mais aussi, tributs du dépaysement –, à la rêverie, à l'inaction, à la méditation contrainte, à ce dialogue balbutié avec la vie, la mort. Et tout ce travail qui a lieu ici – cette initiation anarchique sans guide et sans maître - donne pourtant à cette fabrique, quand le soir suspend son anxieux bourdonnement de ruche – quelque chose d'un monastère.

Des complicités se tissent autour de moi, de vieilles amitiés qui n'ont pas encore dix minutes : la femme de ménage portugaise qui tire, de la poche de son tablier, la photo de son bébé resté chez sa vieille mère, à Lisbonne – (le creux qui se vrille aussitôt dans mon ventre – son émotion, la mienne : « notre » bébé est resté à Lisbonne!). Ou encore, l'instant d'après, le réparateur, armé de clés anglaises et de redoutables tenailles, qui s'acharne sur mon rideau métallique : crac... la manivelle lui casse entre les mains. (Son air penaud – je l'embrasserais! son regard a six ans : le ressort de l'ours mécanique qui frappait du tambour et qu'il a cruellement maltraité vient de lui péter entre les doigts.)

Plus tard encore, cette jeune femme entrée par erreur dans ma chambre et qui me reproche violemment de n'être pas sa mère : le portier lui a assuré qu'elle la trouverait au numéro 23. Impossible de lui faire entendre raison. Son aveuglement buté m'offre une version burlesque de toutes les exigences vindicatives que j'ai pu avoir face au destin. En un éclair, le symptôme Michael-Kohlhaas (le héros mal-aimé de Kleist qui réclame à cor et à cri que justice lui soit rendue et qui meurt de ne pas lâcher prise) me montre son pathétique visage. Si les réclamations ne sont pas admises dans ce monde où je suis née, n'est-ce pas pour la raison que TOUT y est cadeau : la lumière, l'eau, la boue, les coups, les caresses, l'échec, les débâcles, les trahisons et les fidélités, le naître et le mourir? Rien ici qui nous soit dû. Rien. Tout est offert gratis. Bon gré mal gré. TOUT EST TERREAU. Ma reconnaissance pour cet inestimable message que me livre franco, entre deux portes claquées, cette jeune femme.

Puis je reçois la visite du chef de service, le Dr Berna, qui s'assied au bord de mon lit. Sa calvitie brille comme les poignées de porte; dans ses yeux, tangue une hésitante douceur.

Il me demande en souriant si j'ai l'habitude de parcourir quatorze kilomètres les nuits d'hiver, quand le thermomètre pique du nez. (Je m'étonne d'apprendre que la température n'était que de moins neuf cette nuit-là. J'avais cru le froid pire.) Il me demande à quel moment et dans quelles circonstances j'ai perdu connaissance. J'évoque, pour toute réponse, le pauvre Bélá qui ne fêta jamais ses noces. « Vous au moins, dit-il, pouvez fêter les vôtres. » Je ris.

La dernière visite, c'est le vieux paysan qui me l'a rendue.

« Ben bon tant mieux ! » a-t-il dit à me voir bien vivante. Et moi : « Je vous dois une fière chandelle. » Et un long moment, nous n'avons su, tous deux, que répéter nos phrases respectives sans parvenir à sortir les socs de l'ornière. Brusquement il a commencé de rire en se souvenant de l'ahurissement qu'avait causé notre arrivée en tracteur – et moi, avec lui, et tant et tant que nous ne pouvions plus nous arrêter. Nous nous mouchions dans des kleenex trouvés sur ma table de nuit et repartions de plus belle. Au moment de me quitter, il a demandé brusquement :

« N'est-ce pas que vous vouliez vous... »

(D'un geste éloquent de la main gauche, il fait mine de se trancher le cou et tourne de l'œil.)

Je murmure : « Oui, c'est un peu ça. »

Il hoche la tête.

« Moi je dis toujours une chose : ce n'est pas nous que nous décidons l'heure.

– Vous avez raison : c'est pas nous.

– Vous savez à quoi je le sais?

– Non.

– Ce chemin que j'ai pris où je vous ai trouvée, je le prends jamais – je prends toujours d'habitude du côté de l'étang, pas par là. Mais ce matin-là, je me suis dit : Louis, aujourd'hui tu passes par la futaie – c'est bien compris – Et, en même temps, je pensais : ça va plus, Louis, qu'est-ce qui te prend! Mais c'était plus fort que moi – et quand je vous ai vue là par terre – J'ai dit : voilà, Louis, tu comprends maintenant – oui ou non – Tu comprends? Et c'est pour ça que je vous dis : c'est pas nous qu'on décide de l'heure. »

Quand il est parti, j'ai découvert une coccinelle au coin de la vitre. D'abord, je n'ai pas osé y croire – fin février! J'ai bondi du lit et l'ai prise au bout de mon index. Je lui ai confié un message, une chaleureuse recommandation pour mon ami, le vieux paysan. Plus je parlais à ma coccinelle, plus je m'émerveillais du miracle qui l'avait amenée au deuxième étage d'un hôpital d'acier chromé et de verre securit, chambre 23. J'ai dû grimper sur ma table de nuit pour ouvrir le vasistas (les fenêtres sont bloquées) et, de toutes mes forces, je l'ai soufflée jusqu'au ciel. À ce moment-là, la sœur Marthe est entrée, s'est fâchée de mes acrobaties – mais elle a fini, je crois, par me donner raison, quand je lui ai eu tout expliqué.

Je ne sais, au juste, ce qui se passe en moi, mais j'ai eu plusieurs fois, aujourd'hui, l'impression vertigineuse de voir jusqu'au fond des êtres. C'était comme si tous les masques protecteurs avaient fondu – comme si, sous les multiples pelures, brillait le noyau. Chaque fois j'ai été submergée d'une indicible tendresse pour cette unique manière d'être au monde que chacun manifeste à travers le corps qu'il s'est choisi, ses gestes, ses hésitations, ses maladresses mêmes – et chaque fois m'a étreinte une vénération profonde pour cette part divine que chaque vivant – le plus souvent à son insu – incarne. J'ai compris brusquement l'histoire ancienne que m'avait racontée Adrien, de ce Karmapa tibétain s'inclinant devant ses bourreaux, pour la raison qu'il voyait en eux – au-delà de leur déviance présente et de leur ignoble brutalité – cette qualité de Bouddha dont ils étaient, malgré eux, une manifestation – et qui, à ses yeux seuls, rayonnait d'un insoutenable éclat au fin bout de la chaîne de leurs incarnations.

JE SUIS rentrée à la maison en taxi. Pendant la course, je palpais la clef dans la poche de mon manteau. Il m'apparaissait étrange de rentrer ainsi, après quatre jours d'absence, et sans bagages.

Mon chat Musil m'attendait, assis, immobile sur la balustrade. Seuls clignaient ses yeux de jade. Il ne m'a pas fait de reproche. Quand je me suis approchée, il a glissé à mes pieds d'une seule coulée et s'est frotté à moi en silence – Je n'ai rien osé dire.

Un moment, je suis restée debout devant la porte, les yeux fermés, le premier soleil de mars dans le dos.

Ma clef a tourné dans la serrure comme d'elle-même et j'ai franchi le seuil.

Il faisait plus froid à l'intérieur que dehors. J'ai ouvert grand, l'une après l'autre, toutes les fenêtres. Puis, je suis restée immobile, à prêter l'oreille.

Les choses n'arrivaient pas à y croire vraiment – je percevais partout comme une hésitation, un souffle retenu. Elles hésitaient à croire qu'elles redevenaient les parcelles vivantes d'un corps vivant : une maison habitée.

J'ai couru d'un miroir à l'autre pour ôter les hardes dont je les avais endeuillés et partout je me suis dit bonjour.

À un moment, j'ai perçu que la nouvelle commençait de se répandre, enflait peu à peu puis déferlait. J'ai senti jusque sur ma peau le frisson d'aise qui soulevait les rideaux et gagnait tout à l'entour. Il n'y avait plus l'ombre d'un doute : j'étais de retour. Je fêtais mon entrée dans la maison – dans la maison de cet unique instant.

– Madame!

Une petite voix me fait pivoter dans la direction où elle perle.

La petite Lisa de la ferme voisine est à quelques pas de moi, sous sa broussaille de cheveux roux, le nez sur le rebord de la fenêtre.

« Madame, tu veux des œufs?

– Oh oui! Lisa. »

Elle détale.

Cinq minutes après, la corbeille pleine est sur le rebord de la fenêtre.

J'AI vidé la maison de mille choses, trié vêtements, bibelots, papiers, dessins, meubles même, tableaux, et j'ai rempli d'innombrables cartons pour les chiffonniers d'Emmaüs. – À chaque objet, je demandais : avons-nous encore quelque chose à nous dire, toi et moi? Et chaque fois une réponse m'était donnée, claire. Je ne visais pas, ce faisant, à me débarrasser de quoi que ce soit : je prenais congé de pans entiers de ma vie – avec égards et respect. Merci pour les rencontres, merci pour les ruptures, merci pour l'encre séchée dans les flacons et le papier jauni, merci pour les lettres écrites et pour celles auxquelles je n'ai pas répondu, merci pour les chaussures qui ont fait avec moi un bout de chemin et merci pour les étoffes qui m'ont revêtue et parée, merci pour les invitations, merci pour les photos, merci pour les coups de cœur, merci pour les brouilles, merci pour ce service de table où d'autres, peut-être, aimeront manger, merci pour Aldo, merci pour l'ivresse et merci pour le dégoût, merci pour tous les malentendus et le rideau de brume déchiré. Merci pour Adrien perdu et pour Adrien découvert. Merci pour toutes ces choses que j'ai été, dont je suis à la fois pétrie et vivante évadée. Merci pour ces mille et une gouttes dont la dernière a fait déborder le vase. Merci pour tout ce que j'ai été et pour la secousse tellurique qui a tout chambardé – merci pour cette pléthore de choses, de fragments, d'éléments, d'aventures, pour cet apparent chaos dont naît, pour finir – dans l'absolu mystère du lâcher-prise – une unité inattendue, subtile.

Et, sans hâte, avec une détermination paisible et joyeuse, j'empaquette, je vide, je remplis, je transporte, je ficelle.

Et le plus fou – comment oser le dire? – est l'assurance absolue qui peu à peu me gagne, que chacun des gestes que j'accomplis là ordonne le chaos du monde.

Aussi loufoque que me soit apparue d'abord une telle allégation, à moi qui n'ai appris à penser que dans les catégories d'une époque – elle a fini par s'imposer à moi comme la plus claire, la plus rieuse, et la plus sereine évidence : la manière dont je touche les objets, les déplace, prends congé d'eux, peut rétablir dans leur orbite céleste des astéroïdes déraillés.

Chaque geste, auquel l'âme et les sens adhèrent ensemble, irradie jusqu'au bout du monde.

Et quelle émotion j'ai ressentie à reprendre en main le livre où j'avais, à l'automne, lu l'histoire d'Hakuin!

Cette fois encore je me suis regardée au miroir d'un récit.

Un homme est accoudé à sa fenêtre. Devant lui, un érable où niche un oiseau. Le vent balance une branche et au loin gargouille un ruisseau. C'est la première scène.

Dans la seconde, on voit le même homme perdre le sol sous les pieds. La vie s'en va en lambeaux, comme une trop vieille étoffe. Devenu dès lors étranger à lui-même, il erre de par le monde... Il finit par trouver refuge dans un monastère où il passe de longues années à mâcher son koan et à traverser un à un ses enfers. Puis vient le jour où se brise le miroir des apparences, le jour du grand rire libérateur. Il rentre alors paisiblement chez lui.

La troisième et dernière scène le montre accoudé à sa fenêtre. Devant lui un érable où niche un oiseau. Le vent balance une branche et au loin gargouille un ruisseau.

Avant/Après. Rien n'est changé en apparence.

L'arbre, l'oiseau, le vent.

Rien n'est changé en réalité.

L'arbre, l'oiseau, le vent.

Et pourtant désormais tout est différent.

Ce qui était, au début, *devant* les yeux, les yeux maintenant le *sont* aussi :

l'arbre, l'oiseau, le vent.

LE SOIR venu, je me suis assise sur la terrasse, sous le dais de lierre, enveloppée dans une couverture. Et j'ai calé mon écritoire sur mes genoux. D'abord, j'ai regardé longtemps la nuit bleuir les arbres de l'allée, puis j'ai commencé d'écrire :

« Je reviens à peine d'un long voyage. Tu vas me croire un peu folle : en ce jour de ton douzième anniversaire, vient de me parvenir la nouvelle de ta naissance! Bon anniversaire, Yvan, Yvanov, Yvanovitch, mon fils!

Te souviens-tu des messages inaudibles du télégraphe à bord du *Prince des vents* lors de notre croisière, voilà déjà deux ans? Ces grésillements, ces crachotis qui te faisaient tant rire? Dans ma tête, c'était la même chose; les messages ne me parvenaient que brouillés; je n'en saisissais qu'une bribe de-ci de-là.

Mais aujourd'hui m'est parvenue, claironnante et joyeuse, l'étonnante nouvelle! Et de mon cœur à mes reins, des reins à la moelle épinière, de la moelle épinière à la racine des cheveux (et voilà qu'en tressaille le petit doigt de mon pied gauche!) se répand la prodigieuse, l'incroyable nouvelle : un fils nous est né sur cette terre! Après des années et des années de distraction, voilà que m'atteint la portée du message! Ah, je te serre dans mes bras, Yvanov!

À l'instant où j'écrivais ces mots, la lune est apparue derrière les nuages – onctueuse, superbe – et le chien de Mme Malou, au loin, s'est mis à aboyer.

Yvan, je n'ai jamais été séparée de toi, ni de ton père, ni de rien, ni de personne; je n'étais séparée que de moi-même.

Avec la lune et le chien de Mme Malou, l'essentiel est dit. Et voilà que, pour couronner la fête, le premier papillon de nuit, cette année, vient danser autour de ma lampe!

Je voudrais te dire tant de choses, Yvanov! Mais vois-tu, les mots ont trop de poids, trop de gras tout autour, pour une réalité qui, elle, en a si peu : une brise, un souffle ténu sur nos yeux ouverts.

J'attends l'été, Yvan, Yvanov, l'été, notre été!

Ta mère Liliane. »

J'ai refermé l'écritoire.

Autour de moi, la nuit retient son souffle.

DU MÊME AUTEUR

Aux Éditions Albin Michel

LES CAHIERS D'UNE HYPOCRITE

CHRONIQUE TENDRE DES JOURS AMERS

LA MORT VIENNOISE, Prix des Libraires 1979

LA GUERRE DES FILLES

LES ÂGES DE LA VIE

UNE PASSION, Prix des écrivains croyants 1993

DU BON USAGE DES CRISES

RASTENBERG

ÉLOGE DU MARIAGE, DE L'ENGAGEMENT ET AUTRES FOLIES, Prix Anna de Noailles de l'Académie française 2000

OÙ COURS-TU ? NE SAIS-TU PAS QUE LE CIEL EST EN TOI ?

LES SEPT NUITS DE LA REINE

N'OUBLIE PAS LES CHEVAUX ÉCUMANTS DU PASSÉ

SEUL CE QUI BRÛLE, Prix de La Langue française 2006

DERNIERS FRAGMENTS D'UN LONG VOYAGE

Numérisation et impression en décembre 2015
par CPI Firmin Didot
Editions Albin Michel
22, rue Huyghens, 75014 Paris
www.albin-michel.fr

ISBN : 978-2-226-32046-9
ISSN : 1147-3762
N° d'édition : 06675/11. – N° d'impression : 132446.
Dépôt légal : avril 2001.
Imprimé en France.